董宏猷给孩子的写作课

董宏猷◎著
张年军◎点评

Wuhan University Press
武汉大学出版社

图书在版编目（CIP）数据

董宏猷给孩子的写作课/董宏猷著；张年军点评．—武汉：武汉大学出版社，2019.10（2019.11重印）

ISBN 978-7-307-21150-6

Ⅰ.董…　Ⅱ.①董…　②张…　Ⅲ.作文课－中小学－课外读物　Ⅳ.G634.343

中国版本图书馆CIP数据核字（2019）第193724号

责任编辑：黄朝昉　孟令玲　责任校对：牟　丹　版式设计：清　水

出版发行：**武汉大学出版社**　（430072　武昌　珞珈山）

（电子邮箱：cbs22@whu.edu.cn 网址：www.wdp.com.cn）

印刷：三河市祥达印刷包装有限公司

开本：880×1230　1/32　　印张：6　　字数：130千字

版次：2019年10月第1版　　2019年11月第2次印刷

ISBN 978-7-307-21150-6　　定价：39.80元

董宏猷给孩子的话

人生最大的快乐，

就是自由而宁静的阅读。

董宏猷

2019.7.11

武汉

目录

第❶堂课 从敬畏生命写起

第❷堂课 如何写难忘的童年

第❸堂课 如何写校园生活

第4堂课 如何写我们居住的城市

第5堂课 如何写风味小吃

第6堂课 如何写美丽的大自然

第7堂课
如何写游记

第8堂课
如何写读后感

第9堂课
如何写风土人情

第⑩堂课
如何写抒情散文

第⑪堂课
如何写散文诗

第1堂课

从敬畏生命写起

春蚕、蝌蚪和孩子们的梦

天刚蒙蒙亮，我便被女儿惊喜的笑声摇醒了：“爸爸！爸爸！蚕又结茧了！”

女儿双手捧着一个长方形纸盒，激动地跑到我的床前，仿佛捧着整个阿拉斯加的金矿。

纸盒里，已有两个蚕茧，一个金黄，一个银白。女儿曾说，一个是太阳，一个是月亮。她所惊喜的是第三个茧，那是她所钟爱的“白雪公主”结的茧。茧为金黄色，薄如蝉翼，隐隐可见蜷于其中的“白雪公主”正在吐丝。

蚕结茧了。女儿的梦也结茧了。这几条蚕是她亲手喂大的。她学过《蚕姑娘》这一课，这几条蚕，也是从“又黑又小”开始喂起的。热爱这可爱的小生命，也许是孩子的天性吧，女儿和蚕儿“同甘苦，共患难”了。她做过许多梦，梦见蚕儿长大了；梦见桑叶未揩干，蚕儿吃了拉肚子了；梦见桑叶没有了，蚕儿饿得哭了起来，她也哭了起来，正好“济公”来了，平地种了一株桑树，解了燃眉之急……这“济公种桑树”一梦，便被我写进了《一百个中国孩子的梦》中。如今，蚕儿终于结茧了。她怎能不高兴呢？

女儿的情绪感染了我，我突然想到了蝌蚪，那墨色的小蝌蚪。

小蝌蚪和蚕儿一样，也是女儿喂养的。开始蝌蚪们装在玻璃罐头瓶子里，水清瓶明，于是墨色的小蝌蚪便显得愈加活泼，这些拖着小尾巴的小东西，似乎没有闲着的时候，一刻不停地在水中游动。我和女儿是它们最热心的观众，看着它们抖着小尾巴活泼泼的样子，我的心中也充满了春意，充满了生命的活力。

小蝌蚪渐渐长大了，我便为它们安排了一个新居。那是一个旧脸盆，我将历年旅游收集的各种石子放了进去，盛了清水，于是蝌蚪们便有了一泓铺满彩石的“山溪”。

家中有了蚕儿和蝌蚪，便吸引了不少好奇的孩子，其中的常客是女儿的同学们。她们一来，就说啊笑啊议论不休。于是，这蚕儿和蝌蚪便无形中为我这个儿童文学作家和孩子们做了“媒”。

蚕儿结茧了，小蝌蚪们又怎么样了呢？

于是，我有所预感地走上阳台。金色的阳光洒下来，水盆里彩石漾动，金斑闪烁。突然，我发现一个小蝌蚪长了后腿儿！那就是说，小蝌蚪变成了四条腿儿的青蛙！

我情不自禁地敲了敲水盆的边沿。立刻，从彩石的缝隙中，惊出了不少的小青蛙！有的拖着一丁点小尾巴，有的则彻底甩掉了尾巴，蹲在凸出的鹅卵石上，好奇地望着我。

今天，一群甩掉了或即将甩掉“小辫子”的小青蛙获得了或即将获得水陆两栖的自由，跳跃的自由，获得了在比水盆广阔得多的天地里捍卫绿色和

讴歌金秋的自由。

整整一天，我都浸在一种不可名状的彩色情绪中。我在写孩子们的“梦”，我在为孩子们写“梦”。我觉得自己沉浸在梦境之中，灵感如蚕丝一样绵绵不断地抽出：

“……她看见那小提琴声像一群群活泼的小蝌蚪，从琴弓下摇着尾巴欢快地游了出来。她听见了墨色的小蝌蚪们欢快的笑声。她看见琴声像叮咚的山泉一样从大山深处沁了出来。绿幽幽的大山沉浸在绿色的静默中。石壁上贴着湿润的绿茸茸的苔藓。清冽的山泉便从这苔藓中咕嘟咕嘟沁了出来，然后饱满，然后像一粒成熟的葡萄，悬挂在山壁上；然后像孩子恋恋不舍地拉着母亲的手紧紧不放。终于，叮咚，叮咚，泉水便滴落、汇聚在清冽的山泉中……”

这是我今天“放牧”于稿纸上的“一群小蝌蚪”。

它们也会变成青蛙么？

放学了。女儿领着一群孩子涌进屋来。我听见她们围着蚕茧惊喜了好久，围着小青蛙惊喜了好久。

然后，女儿似乎是作为“代表”走进了我的书房，我瞥见门外有好多双期待的眼睛了。

“爸爸，小蝌蚪变成了青蛙……”女儿似乎在考虑怎么说服我，“老师说，青蛙是益虫，它吃蚊子，还吃害虫……”

哦，我明白了，我的孩子，你们是想把青蛙送回大自然中去，送回比水盆更加广阔的世界里去，是吗？

我笑着点了点头。女儿欢呼起来。门外欢呼起来。

孩子们小心翼翼地端着水盆走出门了。

孩子们和青蛙们一同走进金色的晚霞中去了。

在他们的后面，跟着一个长满络腮胡子的“大孩子”——那个“大孩子”，就是我……

救护中华鲟

已经记不清是在什么杂志上看到这样的故事了：一群老鼠不知为什么要离开大陆，朝海洋走去。它们越过高山，越过平原，不畏艰险，向着海洋前进。沿路的老鼠也纷纷加入了这支长征的队伍，形成了浩浩荡荡的大军。它们究竟要干什么？它们到海洋去干什么？沿途的动物和人类都非常疑惑，但是，谁也阻挡不了老鼠前进的脚步。

经过无比艰险的长征，老鼠大军终于来到大海边了。长征似乎可以结束了。可是，一个令人不可思议的情况发生了：所有的老鼠竟然排着长长的队伍，一个接一个地，投入了波涛滚滚的大海之中！

老鼠历经千辛万苦，难道就是为了到大海来自杀吗？

所有的老鼠，一个接一个地，义无反顾地，全部投入浩瀚的大海之中，消失在无边的大海之中。

多少年后，科学家们为困惑不解的世界揭开了谜底：原来，老鼠投海的那个地方，是老鼠最原始的家园。那时，大海还没有淹没老鼠原始的家园，老鼠也经常回到家园去寻根，并且繁衍自己的后代。这样一种基因，经过了千百年，仍然遗传给了现在的老鼠，于是，它们来到了大海边，向自己古老的家园奋不顾身地奔去。

它们的肉身也许消失了，但是，我宁愿相信，它们的灵魂一定是到达了海底那个美丽的老鼠家园的。

当我想起这个传说的时候，自然而然就想起了古老的中华鲟。

中华鲟是世界上最著名的大型江海洄游性鱼类之一。这种亿万年前就生存在地球上的长达三米多的大鱼，是我国的珍稀鱼种，国家一级保护野生动物。据史书记载，周朝时，中华鲟曾沿黄河上溯至西安，是周朝祭祀祖庙的主要鱼类，它们生活在长江、钱塘江、黄河以及沿海各地。到了秋季，中华鲟就要溯江而上，从大海，从江河的下游，朝着长江的上游洄游，一直游到长江的上游金沙江的一处河段，开始产卵。小鱼孵化出来后，又到长江的下游和大海去生活。长大了，成熟了，便又回到自己的出生地，自己的老家，去繁衍下一代。这样一种回到古老的家园去产卵的习性，亿万年来，没有改变。它们就这样自由自在地生存繁衍到今天。

但近百年来，黄河已经极少见到中华鲟了。中华鲟主要洄游于长江，每年的 10 月至 11 月间，数以万计的成熟个体沿江溯河而上，直达金沙江产卵，那浩浩荡荡回老家的场面，十分的壮观。

但是，由于葛洲坝的建立，彻底拦截了长江，也彻底切断了中华鲟的洄游之路，切断了中华鲟回归家园产卵繁衍的生存之路。

怎么办？

人类有什么权利去决断一种古老物种的生存之路？

中国人有什么权利为了自己的利益去灭绝在地球上生存了一亿四千万年的珍稀动物？

地球上最早的生命是在三十多亿年前出现的。鱼类的诞生，大约在四亿年前，鸟类的诞生，在一亿五千万年前；哺乳动物的鼎盛时期，是七千万年前，而我们人类的诞生，大约只在三百万年前。

是的，人类的诞生，无疑是地球生命发展史上的一个飞跃。然而，随着人类的诞生，地球上生物物种的灭绝过程是大大加快了。在恐龙灭绝的那个时期，平均一千年才有一种生物物种从地球上消失；到本世纪前的三百年里，平均每四年就有一种鸟兽灭绝；而在二十世纪，一个物种灭绝的时间已缩短到一年；有人预计，到二十世纪八十年代末，大概每隔一小时就会失去一个物种！

曾几何时，美洲旅鸽在群飞时，会遮黑半个天空；而到了 1914 年，饲养在美国辛辛那提动物园里的最后一只旅鸽死了，于是，这个物种终于被“开除了”“球籍”。

物种的灭绝或濒临灭绝，是大自然的悲剧，更是人类的悲剧。

中国人应该是有着爱护生物的古老而悠久传统的。中国人“天人合一”的自然观，至今仍然闪耀着人性与哲理的光辉。早在春秋战国时期，中国古代的哲学家荀子就说过，每当江河里的大型动物，例如鼋啊，鼍啊，包括中华鲟啊，到了产卵孕育的时候，当时的政府就会下达命令，禁止捕捞，禁止往江河里下毒去毒死鱼类。

现在，我们要修建大坝了，中华鲟的洄游之路被堵死了，直接威胁到了中华鲟的生存。

怎么办？我们怎样做到大坝发电和中华鲟顺利产卵两不误呢？

关于救护中华鲟的方案之争，已经持续好多好多年了。这场“马拉松”式的争论时间之长，争论双方的层次级别之高，争论程度之激烈，在我国水利工程史上，生态环境资源保护史上，都是空前的。

争论的焦点在于救护的具体方案。

一种意见主张修建过鱼设施，鱼道、升鱼机，或者集运渔船。简言之，就是帮助中华鲟“上楼梯”，让它越过大坝，到金沙江去产卵，天然繁殖以维系种群。

一种意见主张人工繁殖。持这种意见的同志认为，在长江干流上，葛洲坝以及三峡枢纽工程的修建，已使中华鲟的产卵场遭到破坏，而且上游还规划修一系列梯级大坝，这样一来，过去的流水性河道，将变成一个人工湖泊，中华鲟的产卵场，均将完全淹没而不复存在。即使花大气力帮它过了坝，也失去了天然繁殖的可能。另外，对于大型的在底层生活的中华鲟，这种长达数里、漫长的鱼道能否有实际效果，也是个问题。因此，他们认为，救护中华鲟的根本办法，是人工繁殖。

中华鲟人工繁殖研究所就是在这样的背景下成立的。

研究所建立在宜昌晓曦塔的一个小岛上，研究所里的研究人员亲切地昵称这个河心小岛为“鲟鱼岛”，这个绿树成荫、彩色卵石遍地的小岛，当年曾是一片荒滩。岛上只有一棵皂角树。如今，这棵树已经淹没在绿海之中了。

很多年前，我正在一家杂志当记者，看到了中华鲟人工繁殖成功的消息。出生、成长在长江边的我，与中华鲟共一条母亲河的我，顿时激动了。我迫不及待地来到宜昌市，来到中华鲟研究所，对那些年轻的科研人员进行了采访，向世界介绍了他们的成功，介绍了中国人保护古老物种的成功。

一晃眼，很多年过去了。

我一直默默地关心着中华鲟的命运。

其实，就“三峡大坝蓄水后，陆上及水下动物的命运”这一问题，我国数以千计的生态与环境科学家已经进行了长达数十年的研究。从目前情况来看，结论不是太乐观。三峡现有陆生动物中，有国家一级保护动物 4 种，二级保护动物 22 种。而在水生动物中，有 6 种国家珍稀濒危水生生物：白鳍豚、白鲟、中华鲟、长江鲟、江豚和胭脂鱼。近年来，白鳍豚、白鲟、江豚种群密度下降，白鳍豚仅存约 100 只；中华鲟雌雄比例失调；胭脂鱼繁殖群体的规模逐渐变小，个体也有逐渐变小的趋势。

对于中华鲟来说，葛洲坝的修建，已经阻断了它们的洄游路线，其结果，是直接导致了中华鲟数量的锐减。而且，大坝蓄水后，水文条件变了，三峡大坝上下游的流速、水温、河势、泥沙等条件的变化，将改变鱼类的栖息环境、繁殖条件和饵料条件，对其生存带来冲击，这样的冲击，当然包括中华鲟。

从保护鱼类的角度看，能保持鱼类的原始生存环境，当然是最好了，长江有 190 种特有鱼类，其中 90% 在上游。三峡形成水库后，可能会使某些种类增加，但是，会侵害特有种类，不利于生物多样性的保持。对于下游的鱼类，有的专家提出，为了保证大坝与河流的和谐共存，在水电站设计中，应该考虑“生态水闸”，即在不同的时间，下放不同的水流，以保证下游河段主要或关键生物类群的正常生存繁衍，或保证河流生态系统服务功能的正常发挥。

但是，对于像三峡工程这样的大型水库，生态水闸还不能解决问题。因为水库对水流的调节，正好和正常的节律相反。长江在自然情况下，是冬天枯水，夏天丰水，但是出于防洪的目的，大坝却要冬天放水，夏天蓄水。对这样的节律改变，生物需要一定时间去适应。而定期放水，对水流水温同样有影响。这样的影响，当然包括了只能在大坝下游活动的中华鲟。就在我写这篇文章的时候，我特意查找了中华鲟今年的资料。有资料表明，今年中华鲟的正常产卵季节已过，但是仍然没有观察到产卵，专家们估计，是受到了放水水温的影响。

因此，我再次为中华鲟祈祷，祈祷它能够尽快地适应大坝放水水温的变化，在长江母亲河中健康地繁衍生长起来。当然，也祈祷长江下游所有的鱼类，真正地做到“万类霜天竞自由”，成为长江中最美丽的生命，最美丽的鲜花。

鱼面桃花

一次次来到香溪，一次次见到香溪。在神农架的群山中，见过香溪的源头；在昭君临溪浣洗的宝坪村下，下水捡过香溪中的彩石；在香溪汇入长江之口，惊叹过溪水与江水泾渭分明的奇观；唯一遗憾的，是没有见过香溪中美丽的桃花鱼。

“桃花鱼”并不是鱼，而是一种水母，主体如伞，透明而微带乳白，触手繁多，学术界称之为“桃花水母”，它们不仅因观赏性闻名世界，而且极具科研价值。这一地球上最原始最低等的无脊椎动物，约有15亿年的生存史，是名副其实的“活化石”。

桃花鱼名曰“桃花”，是因为它不仅形似桃花，艳如桃花，而且，每年随桃花盛开而出生，又随桃花谢落而消失。这种与桃花共生死的习性，古人早有发现。《宜昌府志》就有诗文描述，说它“以桃花为生死。……质甚微，视之，仅有形，或取著盆中，大如桃花。……桃花既尽，则是物亦无矣。”

桃花鱼的传说，也与昭君有关。传说昭君出塞前，正是桃花盛开之时。她乘船顺流而下，一路泪如雨下。昭君的泪珠，落于溪中，和水中的桃花在一起，竟化作了美丽的桃花鱼。

除了香溪以外，桃花鱼的家乡，还有长江三峡的“归州三潭”，即秭归县归州镇的鸭子潭、天音潭和牛卧潭。鸭子潭在归州西门的“九龙奔江”侧畔，长江枯水季节，那里便留下一个偌大的碧水潭，俗称“鸭子潭”。生长于鸭子潭的桃花水母，是极为稀有的品种，具有极高的科学研究和观赏价值。科学家们对归州潭水中的桃花鱼进行研究后发现，桃花鱼并不只在桃花开时才出现，桃花谢了就消失，而是一年四季都在归州的几个水潭里存在，只是由于夏天阳光强烈，水面温度较高，又有洪水的冲击，而冬天水面温度较低，没有它们所需要的浮游生物，所以桃花鱼在水下和石头缝隙里觅食。只有在春暖花开的时节，水面食物丰富，桃花鱼才浮到水面来。

桃花鱼是如此的珍稀，便有了“水中大熊猫”之称。迄今为止，桃花水母在全世界其他一些国家时有发现，在我国湖北、四川、浙江、江西等省的一些地区，也不定期地偶尔出现，只有产于秭归归州镇的特有品种——归州桃花水母数量较多，且时常可见。

三峡大坝修建蓄水后，连归州古城都要全部淹没，桃花鱼原来栖息的“三潭”，自然会全消失了。专家认为，如果能赶在桃花鱼水潭被淹没之前，及时移植，并掌握其繁殖技术，为自然界保存一个动物基因库，将对发展生物工程、基因工程、水生生物学、水环境生态学等都具有重要的意义。

为了抢救这一濒危物种，中国科学院水生生物研究所等单位多年来致力于桃花鱼异地繁衍生殖的研究，最终选择了秭归的永乐水库、黄家淌水库和茅坪泗溪，作为桃花鱼的搬迁地。

美丽而珍稀的桃花鱼，也要移民了。

桃花鱼的“移民新村”都在风景优美的山水之间，科研人员从桃花鱼的老家采集了很多桃花鱼，将寄生在岩石上的桃花水母的水螅体（“童年”水母）投放在“移民新村”中，使水螅体得以自然生息繁衍。仅黄家淌水库一处，中科院武汉水生所就分 5 次在这里放养了 2 万尾桃花鱼。

站在即将消失的香溪之畔，望着碧绿如玉的溪水下，那些如桃花鱼般美丽的彩石，想起明年桃花盛开的时候，有着数亿年以上历史的珍稀物种桃花鱼仍然活泼在三峡的山水之间，盛开在“移民新家”中，心中便有了春天的期待。遂打油一首，以赠桃花鱼：

去年归州水潭中，
鱼面桃花相映红。
但愿春江水暖日，
花鱼依旧笑东风。

心中有个世界

我的书桌上摆着两本摄影画册，选辑的是“世界新闻摄影荷兰基金会”所举办的世界新闻摄影比赛中获奖和刊入年鉴的部分新闻照片，名曰《目击世界》。我最有兴趣的当然是那些突发性现场新闻照片了，例如1981年3月30日美国总统里根在华盛顿遇刺，整个过程全部被拍摄下来，好像记者事先知道有这么一场好戏而等着拍摄似的。

使我久久沉默不语的，则是那些与儿童有关的照片了。

1975年最佳新闻照片：干旱和饥饿笼罩着萨赫勒、印度和埃塞俄比亚。

新闻特写照片：埃塞俄比亚巴迪难民营。

同时获最佳新闻照片和突发新闻照片一等奖的《博帕尔大灾难》，反映了印度那场震惊世界的毒气泄漏事故。

还有在越南战争中从燃烧的村庄中跑出的孩子，在黎巴嫩西部被炸死的孩子，像牲口一样干活的童工，还有在两伊战争中被征入伍的少年士兵……

在这个蓝色的星球上，战争、暴力、灾难、饥荒、疾病仍然像幽灵一样游荡，吞噬着千百万儿童的生命，剥夺了千百万儿童应享有的幸福童年。

我不知道有没有《目击中国》这样的摄影画册。我真希望有这么一本画册，既拍下用巧克力健力宝泡泡糖喂肥的娇儿，也拍下穷乡僻壤里面带菜色的孤儿；既拍下被繁重的功课压得喘不过气来没有星期天没有节假日的中小学生，也拍下那些从学校流失到社会的童工、流浪儿……

请原谅我在快乐的“六一”国际儿童节时说了这些令人不愉快的话。但是我曾经是一名教师，现在是一名儿童文学作家，我想和孩子们说的，便是“六一”是“国际”儿童节，我希望他们从小便学会关注整个世界，而不仅仅是口里的泡泡糖以及眼前的游艺机；我希望家长也给孩子们一个博大世界，而不仅仅是一架钢琴，一本唐诗，一套习题集，一把望子成龙的铜锁。

其实孩子们是很喜欢看这样的画册的。我的女儿和她的小伙伴们便时常翻阅《目击世界》，还有我收藏的日本侵华史之类的历史资料照。这些照片更加真实更加直观地告诉了孩子们什么是历史，遗憾的是这样的专门为孩子们编辑的画册太少太少，在偌大的中国几乎还没有，而泛滥成灾的倒是那些外国动画片的复制品。当然，引导孩子们关注地球以外的太空例如星球大战什么的并不是坏事，但是，我们赖以生存的地球难道不更值得关注吗？

又是静静的夜了。许许多多儿童的笑声、哭声、呐喊声如海潮一样渐渐涌来，这些儿童的心声并不是“六一”这一天才有的，我希望这个世界不仅仅只在这一天才注意到这些心声。

【写作提示】作品好看与不好看的区别在哪里

（一）

首先我们要搞清楚什么是美。词典上说，美是能够引起人们心情愉悦、舒畅、振奋的东西，或使人感到和谐、圆满、轻松、快慰、满足与爱的东西，还有享受感、心旷神怡感、想象与联想，等等。

当我们阅读一篇或一部优秀文学作品时，你会跟随着故事主人公的情绪变化而喜怒哀乐，而欢呼雀跃，而忧郁哀怨，甚至，你会为主人公的悲剧命运而茶饭不思，而彻夜难眠……所有这些，正是文学美的魅力。

现在，当我们阅读《春蚕、蝌蚪和孩子们的梦》这篇作品时，我们的心中，是不是也会跟随着故事情节的往前推进而一忽儿兴奋，一忽儿揪心，一忽儿叹息呢？如果答案是肯定的，那么我们的阅读就基本达到目的了。也就是说，它是好看的，是很美的。

我们现在来做一个小实验。我们和作者的思路相悖而行，也就是把故事中大部分的和美有关的东西抽离出来，让这篇故事只剩下空壳，看看读者是不是还觉得美呢？

（二）

我们从以下几个方面来动手术。

叙述与描写、抽象与具象、现实与想象、虚写与实写等。

首先来看叙述与描写。所谓叙述，简单地说是，某某人在干什么；所谓描写，是说某人在怎么干。比如本文开篇写“女儿双手捧着一个长方形纸盒，激动地跑到我的床前，仿佛捧着整个阿拉斯加的金矿”。如果你抽离了描写的成分，那么就剩下如下干巴巴的一句话了："女儿把一个纸盒递到我的床前。"接下来，作者写小蝌蚪在玻璃罐头瓶子里的状况："……于是墨色的小蝌蚪便显得愈加活泼，这些拖着小尾巴的小东西，似乎没有闲着的时候，一刻不停地在水中游动。"这句话换作叙述，就变成了这样："黑色的小蝌蚪在水中游动。"也是干巴巴的，没有了动感。故事中，当"我"走向阳台时，作者这样描写目光所见："金色的阳光洒下来，水盆里彩石漾动，金斑闪烁。"如果舍弃描写，那么就会是这样的效果："太阳照进来，照在水盆里，水盆里有光。"如此没有一点美感的叙述，你能接受吗？

我们再来审视抽象与具象。所谓抽象，是指用语言、符号、理论、概念作为表现形式；所谓具象，是指用具体形象来表达，有空间感和立体感。本文中，当"我"沉浸在梦境之中时，"灵感如蚕丝一样绵绵不断地抽出"。这段描写，即是化抽象为形象，作者将抽象的文字"灵感"，化为绵绵不断抽出的蚕丝，亦即把抽象概念当作物来写，也就是"拟物"，使抽象的灵感形象逼真，使其变得富有艺术的魅力。当然，在这句话中，作者借助了比喻的修辞手法，化抽象为具象才得以实现，可见修辞手法的重要作用。

（三）

再说现实与想象。想象的作用，大家都深有体会，所谓光彩照人，所谓生动形象，所谓能引发人的美好的情绪和情感等。本文中，作者的想象不仅能深化主题，而且还能让读者感受到愉悦的美和舒适的美。例如，"……她看见那小提琴声……像孩子恋恋不舍地拉着母亲的手紧紧不放……"这样的想象描写，就能使作者的情感表达更生动，更丰富，更富有内涵，更富有文学色彩。

最后要说的是虚写与实写。写作中，我们往往会忽略一个问题，这就是虚写。虚写是什么，就是用具体之物表现抽象之物，借虚拟之笔映衬客观实体，虚写可以给读者留下充分的想象空间，使文章更加含蓄，更具有可读价值，古人说，“春之精神写不出，以小草见之；山之精神写不出，以烟霞写之”。意思是，春之精神山之精神是抽象的，难以捉摸，只有借助有形的小草和烟霞来侧面刻画了。回忆、想象、背景、联想、梦境、幻觉、心理、独白等，都属虚写。本文中，当作者看到小蝌蚪们活泼泼的样子时，是这样表达内心的：“我的心中也充满了春意，充满了生命的活力。”而当孩子们就要走出门去放生小青蛙时，作者说：“哦，我明白了，我的孩子，你们是想把青蛙送回大自然中去，送回比水盆更加广阔的世界里去，是吗？”此处作者利用虚写手法即心理活动来表达，就比直接讲述更加含蓄，更加耐人寻味了，并且，它还能给人一种浮想联翩的美的意境。

本文中所谓修辞手法的灵活运用，就不一一列举，因为我们已经通过美之有无的对比而清晰地发现，在作品中注入美的成分，必须有文学技巧，必须摒弃直白，必须有优美的规划，必须有艺术家的独创精神和新颖性，必须告别模仿与按部就班。

读到这里，我们终于明白了作品好看与不好看的根本区别了吧？

第2堂课

如何写难忘的童年

回家

走进汉口最古老的街道长堤街，离家就不远了。长堤街原来是汉口防御洪水的一道堤坝，修筑于清朝，后来就成为汉口最早最繁华的一条商业街。长堤街原来是青石板铺筑的路面，沿街是密密麻麻的铺面。铺面一般是两层楼，楼下是商铺，楼上是住家的木板屋，一排雕花的木窗，黑潮潮的布瓦，瓦楞间长着陈年的艾蒿，或者铁线一般的狗尾草。走过了酱坊、锣铺、布铺、香坊和杂货铺，迎面就是十字街头的茶馆了。茶馆的门口，常年卖香喷喷的锅贴饺子。那些弯弯月亮一样的锅贴饺子，一排排地摆在油锅里，油汪汪的焦黄。起锅的时候，老板用铁铲铛铛地敲击着锅沿，大声地吆喝着：“哎，锅贴饺子哪！”这样的敲击声和吆喝声清晰地传到我童年的梦里，随着飘逸的蒸汽拐一个弯，我的家就在眼前了。

依旧是光滑的青石板路，两边却是一个个住家的里弄了。这是长堤街的一条干流，名叫药帮大巷，过去是经营药材的商贾聚居的地方，汉口著名的药王庙就在我家的斜对面。药王庙的隔壁，就是著名的关帝庙，相传太平天国攻占武汉后，这里曾作过洪秀全的天王府。小时候，我和小伙伴们常常到药王庙和关帝庙里去捉迷藏，汉口俗称“官兵捉强盗”。两座庙里有无数迷宫式的门和小径，还有颓废而阴森的殿堂，只有胆子大的男孩才敢在夜里躲进庙里去当“强盗”。常常是“官兵”走到庙门口，就怯怯地腿软了，望着黑洞洞的混沌，“官兵”就喊道：“快出来吧，我投降啦！”

最令人沮丧的事情，就是妈妈找到庙门口来了。那是我们玩得最酣畅的时候，妈妈在庙门口呼唤着我了：“猷猷啊，回来啊！”妈妈的呼唤声总是柔柔的，软软的，带着焦虑，带着忧伤。妈妈的呼唤声总是锲而不舍的，她的宝贝儿子不回家，她是彻夜不能入眠的。于是我总是垂头丧气地退出了游戏，将满腔的怨气发泄到妈妈的身上。妈妈便不再言语了。她总是微笑着，像做错了什么事情一样，任凭我发火和抱怨，她总是小心而歉疚地微笑着，但是，却用温热的大手，将我的手握得紧紧的，握得紧紧的。

妈妈握着我的小手，走进了守根里。推开两扇黑沉沉的大门，就回到我的家了。这是民国初期典型的公馆式建筑。进门就是天井，然后是木地板的堂屋。堂屋后面又是一个小小的天井，天井旁便是厨房。楼上楼下各有两间房，落地的百叶窗，窗外是镂花的铁栏杆。我就出生在一楼的大厢房里。后来，堂屋隔成了一间小房，虽然只有 10 个平方，却是我结婚的新房，我的女儿又出生在这间小房里。厢房与小房只有一步之遥，但是，在厢房里出生的那个男孩，却成为小房里出生的那个女孩的父亲。

在堂屋还是堂屋的时候，外婆常常在堂屋里敬菩萨。堂屋里设有神龛，外婆敬的是观世音菩萨。外婆跪在蒲团上敬香的时候，我们是不敢大声喧哗的。外婆说，菩萨什么事情都知道的，包括我们心里想什么，菩萨都是知道的。于是，我幼小的心灵里，就对菩萨充满了敬畏。有时，我又爱胡思乱想。我想吃锅贴饺子，菩萨知道吗？我想吃洋糖发糕，菩萨知道吗？我想把弟弟的存钱罐偷走，去看“娃娃书”，就是“连环画”，菩萨知道吗？冬天的早晨，窗外下着大雪，我们偎在被子里，外婆却给我们带回了洋糖发糕。白白胖胖、松松软软的洋糖发糕啊。外婆像给雏鸟喂食一样，一口一口地喂我们吃发糕。外婆总是慈祥地笑着，像菩萨一样笑着。于是我就想，是菩萨变成了外婆呢，还是外婆变成了菩萨呢？

武汉的夏天是酷热的。夏天的晚上，整个江城就变成了一个闷热的大蒸笼。太阳快要落山的时候，妈妈和外婆就早早地在天井里泼水降温，泼了一遍又一遍，泼了地面，又泼墙上。那时降温没有电扇，更没有空调，唯一的降温用品，便是外婆和妈妈手中的芭蕉扇。而唯一的冷饮，是外婆泡的花红茶。花红茶用瓷缸装着，瓷缸则泡在脚盆的凉水里。几乎是祖传的竹床，也被凉水抹得凉津津的了。外婆或者妈妈就给我们摇着芭蕉扇，给我们讲故事，或者是轻轻地唱歌。夏夜深了。天井将夜空切割成一个坠着银星的方块。外婆常常讲的是“野人婆婆”的故事。外婆说，“野人婆婆”喜欢吃小孩的手指头，就像吃枯蚕豆一样，嚼

得叭贡叭贡地响。我们听了，只觉得浑身发冷，毛骨悚然。而妈妈则爱给我们唱催眠曲。妈妈年轻的时候，是个电影迷。妈妈唱的催眠曲，常常是三四十年代的电影插曲。《渔光曲》和《秋水依人》，是妈妈最爱唱的两首歌。“云儿飘在海空，鱼儿藏在水中，早晨太阳里撒渔网，迎面吹来了大海风……”妈妈轻轻地吟唱着，妈妈的歌声里充满了忧伤。我常常就在妈妈忧伤的吟唱中睡着了。许多年后，当我在电子琴和电吉他的伴奏下唱这两首歌时，在KTV包房里唱这两首歌时，我的眼中常常就情不自禁地盈满了泪水。哦，妈妈，您听见您的儿子在为您吟唱了吗？哦，还有外婆，您看见您的外孙在神农架的深山老林里寻找“野人婆婆”的身影了吗？您看见您的猷猷写的寻找野人的科幻小说了吗？

我就在汉口古老而幽深的里弄里长大了，在妈妈和外婆深情而忧伤的爱中长大了。在我的心中，家就是妈妈深情而温馨的呼唤和凝视，是外婆菩萨般慈祥的笑容。

我第一次离开家出远门，是16岁的夏天。“文化大革命”爆发了，我和同学一道，满世界的乘火车大串联，打着绑腿背着背包冒着风雪“长征”到湖南的韶山。世界是你们的，也是我们的。但是，那时一个心眼而“革命”的我，压根儿也没有想到，这个世界也是妈妈和外婆的。压根儿也没有想到，在那些疯狂而骚动的日子里，妈妈和外婆是怎样地为我提心吊胆，度日如年。

那个时候，家对于我来说，只是休憩的旅舍，补充给养的驿站。我第一次从北京回家的时候，火车停在汉口了，我却故意躲在火车的厕所里不出来，然后又一口气坐到了广州。由于我已经写信给家里，说我要回家，妈妈早早就为我准备了我最爱吃的排骨煨藕汤。我不知道妈妈是怎样焦急地盼望我，因为我已经出去两个月了。我只知道到广州去看看《三家巷》里欧桃牺牲的地方，去看看黄埔军校。然后，又转道湛江，看了大海，才想到回家。但是，我又一次让家里的妈妈失望了。就在火车即将转道到京广线时，我又一次偷偷地下了车，偷偷地跑到开往重庆的列车上。然后，从重庆坐船顺江而下，终于在年底回到了家。

一进门，看见了妈妈，我吃了一惊：离家才几个月，妈妈明显地老了。妈妈的头发白了好多好多，妈妈的眼睛红肿得像水蜜桃。妈妈见了我，红肿的眼睛含着泪，笑了。她的嘴唇翕动着，好像要说什么，但是，什么也没有说，只是望着我，笑着，笑着，任凭眼泪从眼角滴落了下来，然后，好像害羞似的，赶紧用手背揩着眼泪，解释道："这几天，害眼……"

哦，妈妈，您哪里是害眼呢？您是日日夜夜为您的儿子担惊受怕，常常彻夜失眠，常常偷偷垂泪，以致哭红了眼睛，哭坏了眼睛。跑了大半个中国回来，我的衣服全长了虱子。妈妈只好将我的衣服全都烧了，我听见衣服上的虱子被烧得噼噼啵啵的响。妈妈含着泪说："我的猷儿哪，这么多虱子，你是么样过的哟！"妈妈又恨恨地问我："还跑不跑了？"我只好乖乖地回答："不跑了……"

但是，还没过半个月，我又从家中跑了。这一次，更让妈妈操心了：我又组织了"长征队"，在寒冷的冬天，在连行走的路线也没有弄清楚的情况下，就向湖南韶山进发了。第一天，我们就走错了路。后来，顶风冒雪，日夜兼程，整整走了一个月，才到达韶山。后来，又开始了我浪漫的旅程，乘火车跑到上海，幻想着到上海的工厂劳动，与产业工人打成一片。一直到春节的前夕，我才从上海回到家中。

我生性好动，尤其喜爱浪漫的探险，孤身长旅。外婆曾经恨恨地说，我是家里的“灾星”，是专门脱胎来折磨我的妈妈的。这样一种“折磨”的感觉，只有当我也成了家，也有了孩子之后，才慢慢地品尝到的。那样一种牵肠挂肚的担心，那样一种坐立不安的想念，一颗心像断线的风筝在空中悠悠荡荡无所依的无奈，不是“折磨”，又是什么呢？可是，当我开始顿悟的时候，当我开始依恋着老家的时候，妈妈和外婆却离我而去了。老家留给我的，是永远的思恋，是终身的遗憾。

于是，我开始了回家的心路历程。在相当长的岁月里，我几乎每个星期都要回一次老家。那是一次次的返璞归真，一次次的人生顿悟，一次次的生命的升华。

……我牵着女儿的小手，走进了长堤街，走进了药帮大巷，走进了守根里，推开了黑沉沉的大门。天井的墙壁已经斑驳如酥皮了，阴暗而潮湿的角落里，长出了不知名的瓜秧。我看见外婆坐在堂屋里菩萨般地笑着，妈妈红肿的眼睛里含着泪，呆呆地望着我，笑着，嘴唇翕动着，想说什么，却什么也没有说。哦，妈妈，外婆，我回来了。我来看你们了。哦，妈妈，您听我唱一曲《渔光曲》，唱一曲《秋水依人》，好吗？

“几时你回来哟，妈妈哟，几时你会回到故乡的家园？……”

母亲的歌谣

常常想起小时候生病。一生病就闹得全家不安宁。一般地说来，我不生小病，要病就病得波澜壮阔。这时外祖母就跪在蒲团上，求观音菩萨保佑；然后按照一种古老的风俗，乒里嘭啷地摔碗，为我祈祷平安。而我的母亲，在我整个生病期间，便不吃不喝，整夜整夜地不睡，坐在床边守护着我。即使是寒冷的冬天，她也不肯上床，拿一本书，披一件袄子，迷迷糊糊地边看书边打瞌睡。可只要我一翻身，她立刻就惊醒了，马上用唇吻着我的额头。母亲的唇，就是温度计呵。然后轻轻地唤着我："猷儿，猷儿，喝不喝水呀？"

水，我自然是要喝的。但我更喜欢听母亲唱歌，或者念童谣。

母亲的歌大多是电影插曲。母亲爱看电影。当她年老以后，仍然独自一人步履蹒跚地去看电影，倘若是悲剧，常常是一路流泪回来。母亲最爱唱的，是《渔光曲》，那忧忧怨怨的旋律，成为我的摇篮曲，浸透了我的童年。"云儿飘在海空，鱼儿藏在水中，早晨太阳里撒渔网，迎面吹来了海风……"

母亲不是金嗓子，但她唱得那么投入，那么富有情感。在寒冷的冬夜，刺骨的北风从小屋的板壁缝里一丝一丝地沁了进来。母亲的歌谣便像海浪一样，一起，一伏，将病中的我摇进梦乡。

《秋水伊人》是母亲常唱的另一首歌。这也是一首忧伤而凄婉的歌。现在品味起来，它的歌词流淌着李后主或者李清照的古典感伤，只不过少了那些凝眉愁雾，多了一份人间的凄凉和沧桑。“望断秋水，不是伊人的倩影。更残漏尽，孤雁两三声。往日的温情，只留得眼前的凄清……”童年的我听不懂歌词里说的是什么，但我听懂了母亲沉甸甸的忧伤。

多年后我才知道了一个属于母亲的故事。一个19岁的爱看电影爱唱歌的姑娘，与一个美专毕业的小伙子相爱了。他们双双私奔，跑到了上海，用30年代流行的方式反抗父母之命媒妁之言。我想那一定是母亲一生中最自由最幸福的时光，她一辈子只出过一次远门，而且是上海，而且是私奔。她一定与自己的心上人进电影院看过电影，也许电影的插曲恰恰就是《秋水伊人》。母亲的幸福之花绽开得太灿烂但凋谢得太急促。当双方的父母终于妥协同意他们结合后，年轻的美术家却过早地离她而去。也许他的姓名就蕴藏了命运的悲剧么？他的名字就叫“悲秋”。

于是我理解了母亲的《秋水伊人》。于是每次到上海，我便想起了母亲，想起了她19岁的辉煌与浪漫，以及离开上海后永恒的思念与忧伤。于是在豪华的歌舞厅里，在萨克斯与电吉他的伴奏下，我常常爱唱《渔光曲》和《秋水伊人》。我的眼前便浮现出汉口古老的长堤街，青石板铺就的幽深小巷，墙上长满青苔的天井，老宅堂屋改建的小屋，寒冷的冬夜，以及母亲温热的唇，滚烫滚烫的泪。我知道，那泪水很苦，很咸，和大海的海水一样。

有时我睡不着，母亲便不唱歌了。她会许多的童谣，一段一段地念给我听，逗着我笑。

乡里伢，穿红鞋，
摇摇摆摆上学来，
先生先生莫打我，
我回去吃口妈妈来。

武汉的方言中，“吃奶”就是“吃妈妈”。母亲鼓着腮，噘着嘴，装着小伢吃奶的样子，我便格格地笑了起来。

然后母亲和我拍手做游戏：“张打铁，李打铁，打把剪子送姐姐。姐姐说，我不歇，拿你回去包茶叶……”念到最后，母亲突然搔我的痒痒，母子俩便抱着笑成一团。

如果说母亲的歌给了我最早的艺术熏陶，那么母亲的童谣便给了我最早的韵律教育。那些朗朗上口的童谣，有的有完整的叙事内容，如“月亮走，我也走，我跟月亮背笆篓”；有的则无内在的联系，只是一种韵律，如“铜角铜角牵素素，扁担划子接哥哥”“甩，甩，铁笼子拐。铁，铁，包老爷。包，包，红大椒”。母亲的歌谣滋润了她的孩子们的艺术萌芽，她有两个儿子于清贫中成为诗人、作家。即使在艰辛与逆境中，她的儿子也从未停止过歌唱。

最后一次听母亲的歌谣，是母亲病危之中。那时母亲因脑溢血已昏迷不醒了，但她在昏迷中喃喃呼唤得最多的，是我的名字。母亲是如此放心不下她的爱子。也许是我遭受的许多打击与磨难使得她挣扎着不愿离我而去。那天深夜，轮到我值班守护，我突然听见母亲在喃喃地梦呓，仔细一听，原来母亲是在念童谣："先生先生莫打我，我回去吃口妈妈来……"在月色与灯影中，我分明看见母亲的脸上露出了慈爱的笑。在生命的最后一刻，她梦见的，仍然是用母爱护卫着受伤的孩儿么?

那夜月色很好。母亲睡得很香。

青皮爹爹

我对书的热爱，应该追溯到小时候在茶馆里听戏、听说书、看皮影戏了。尤其是皮影戏，有画面，有人物，有情节，有说有唱，非常吸引人。什么“孙悟空大闹天宫”啊，什么“杨家将”啊，什么“薛仁贵征东、征西”啊，什么“七侠五义”啊，都使我如醉如痴。我甚至能唱很多的唱词，例如《杨家将》中的“金沙滩激战”：

大郎替主把命丧，
二郎挡箭命也丧，
三郎马踏如泥烂，
四郎被捉到番邦，
五郎出家当和尚……

唱着唱着我常常就泪流满面，《杨家将》满门忠烈的壮烈悲剧曾经深深震撼了我。我常常想再知道他们的命运，可是，皮影戏的班子往往没有演完，就走了。

于是我就迫不及待地去看“娃娃书”。

“娃娃书”就是“小人书”，就是“连环画”，类似于今天的卡通。茶馆的对面就有一个娃娃书书摊，我成了那儿的常客。

我看着看着就入了迷，常常看得不知道吃饭。

看书是要钱的，一本书一分钱。可是，我每天的早点钱只有三分钱，即使不吃早点，也看不了几本书啊。

我便打起了理发钱的主意。

武汉人称理发为“剃头”。我的头发长长了，母亲和外婆或者大姐就要我去剃头。那时剃头是一毛五分钱，像我这样的男孩子，一般都剃个“瓦片头”，非常简单，不用花什么钱。我拿了钱，就偷偷地看书去了，然后，回家就撒谎说，剃头的钱不小心掉了。

母亲当然要骂我一顿，我就老老实实地低头站着，一声也不吭。

母亲就心软了。母亲就又给我一毛五分钱，叫我第二天一定去剃头。

第二天，剃头的钱当然“又掉了”。

后来，母亲知道了我的鬼把戏，就再也不给我剃头的钱了。母亲将剃头的钱交给小姐姐，然后，叫小姐姐押着我去剃头。

唉，小姐姐是个特别认真的人。我曾经诱惑她，想和她一道将剃头的钱再次“掉了”，然后我们一块儿去看书。但是小姐姐坚决不答应。小姐姐说，哦，难怪你的钱总是在掉哇？原来是你故意不剃头，看娃娃书去了。小姐姐说，你趁早乖乖地去剃头，要是你

再继续不老实，我就要向母亲告状了。

我从小就看惯了母亲的独自忧伤和独自焦躁，虽然我不明白母亲为什么这样忧伤这样焦躁，但是，我却非常懂事，从小就尽量不惹母亲生气、伤心、烦恼。所以小姐姐一说要向母亲告状，我就赶紧老老实实地去剃头了。

不过，小姐姐的押送和看管也有失效的时候。

长堤街上剃头的是个青皮爹爹，“青皮”就是“光头”，青皮爹爹的光头不但寸草不长，而且油油地铿亮放光。

青皮爹爹是个随和的人，尤其喜欢小孩子。我就和他打商量，叫他少在我的头上费神，草草地剪两剪子算了，一个头只收我五分钱或者一毛钱。这样，小姐姐给了他一毛五分钱，等小姐姐走了，我就叫青皮爹爹再将多余的钱还给我。

青皮爹爹答应了我的要求。他是个非常幽默的人，一辈子没有结婚，非常喜欢讲笑话。他跟我剃头的时候，从来也不马虎，总是把我的“瓦片头”剪得整整齐齐。等小姐姐走了后，就给我五分钱。

我就不好意思了。我就去帮他做事。做得最多的，是帮他拉布扇。

20 世纪 50 年代的初期，电扇还没有普及，一般的家庭，根本就没有电扇，只有那些大店铺里，在夏天，才看得见一个老式的吊扇。

武汉的夏天十分炎热。如果要降温，怎么办呢？许多店铺里，就安装了中国自古以来使用的布扇。

布扇实际上是一块长方形的布帘子，悬挂在房屋当中，然后，用一根绳子牵动它，来回地摆动，这样就形成了微风。那个时候，许多商店里，都有专门拉布扇的人，这样的职业，现在的孩子们恐怕怎么也想不到吧？

青皮爹爹的剃头铺里，就有一个布扇。

拉布扇的，是青皮爹爹的徒弟。

为了感谢青皮爹爹，我有时也帮忙拉。

我用双手扯动着布扇，觉得很好玩。

我喜欢听青皮爹爹讲笑话，听他和一些老人讲老武汉的典故。他在汉口，在长堤街，剃了一辈子的头，对于这里的住户，根根底底、来龙去脉，他都了解。比如我家的隔壁，常年住的是戏剧界的名角，唱京剧的高百岁，唱汉剧的宋春山，他都十分熟悉。他还说，解放前，上海的胡蝶也在那儿住过。我那时不知道胡蝶是谁，还以为他说的是“蝴蝶”。我还一直纳闷，怎么有人叫“蝴蝶”呢？后来，我才知道，胡蝶是中国20世纪30年代非常著名的电影明星，相当于现在的什么巩俐啊、刘晓庆啊，这样的明星。

青皮爹爹就是这样一部活字典。

我一边听，一边拉，虽然拉长了双手都非常酸痛，但是，我还是喜欢泡在剃头铺里。

不仅仅是为了讨青皮爹爹的赏钱。是喜欢听青皮爹爹的故事。

最后一次见到青皮爹爹，我已经读中学了。那时，理发店里已经安装了电扇。青皮爹爹也老得步履蹒跚了。给我剪完头发，忽然，就将理发的转椅放下了。他笑着说，小毛头都开始长胡须了。他在我的下巴和鼻子下面涂上肥皂沫，然后，用热毛巾盖上，开始在理发椅旁边的皮子上唰唰地磨他那把锋利雪亮的剃刀。

唰唰唰！唰唰唰！青皮爹爹镗起剃刀仍然那么利索有力。

那是我第一次刮胡子。

那是我第一次享受青皮爹爹锋利的剃刀。

呼唤

故乡对于我，已是一个朦胧的梦了。可是我总忘却不了那雾气飘逸的竹林，缀着露珠的山茶，散发着红薯土香气的晒场，以及深山中叮当的悠悠的牛铃。

一辈子忘却不了的，当然是母亲低声的呼唤。

常常是天刚蒙蒙亮，天边还残留着一片即将融化的明月，我听见了母亲低声的呼唤："猷猷宝，起来呀，起来放牛哇……"

那是一头小牛。牛脖子上挂着一个铜铃。带我放牛的是群英嫂子，她是我的堂嫂。她的娘家在离董家不远的"黄志成"。她常常带我到后山去，站在山坡上，可以望见白壁黑瓦的黄家大院，以及宅前石砌的水塘。

放牛对于我来说，其实是游戏的。我没有想到放牛得起这么早，我还没有睡够呢。可是，母亲却很认真的。母亲常常说，答应了人家的事情，就应该认真去办。母亲知道我是贪睡的，母亲知道我一旦睡下，就睡得像块糍粑，黏在床上的。但是母亲仍然一遍又一遍地呼唤着我，直到我睡眼惺忪地走出了家门。

我就这么打着瞌睡迷迷糊糊地进山放牛了。牛脖子上挂着的铜铃叮当叮当地响着，那金属的撞击声清脆清脆的，在幽深的山谷里过滤，然后微醉般地散开。莽莽的青山也是睡意惺忪的，牛铃声此起彼伏，在清凉的晨曦里互相应和着。母亲便踏着露珠披着晨风上山给我送早点了。常常是我还在迷迷糊糊地打盹，母亲便将煨热的红薯送到了我的手中。山中该有多少牛铃在响呢？而母亲却准确无误地找到了我。我常望着那片薄薄的残月痴痴地出神，是不是它为母亲默默地指路呢？

我小的时候爱生病。每次病了，母亲便彻夜不眠，坐在床边守护着我。半夜里，我被母亲低声的呼唤唤醒了。母亲亲吻着我的额头，母亲常常是用亲吻来量孩儿的体温的啊。母亲端着一碗滚烫滚烫的姜汤，轻轻地呼唤着我："猷猷宝，猷猷宝，喝茶来！"我睡意正浓，嘟囔着，不愿喝。母亲便依了我，但仍将姜汤在火塘里煨着，静静地等候着我，等候着山中明月将残之时，再一次地轻轻呼唤。

母亲也有高声呼唤我的时候，也是在故乡的月明之夜。

有一次，我跟着一个猎人去放牛，猎人姓柳，只有一条腿，他的另一条腿在打猎时丢在深山里了。但他仍然爱着深山，他总爱带着我往深山里钻。据说那一次我们在山中遇到了野兽，而且是老虎。猎人与牛如何和老虎对峙的，我已经记不清具体的细节了，据说我一点也不害怕，因为我从未见过老虎，我也不知道害怕。回来以后，我就病了，发高烧。有人就说，猷猷宝的魂被山神爷捉走了，要赶快将魂招回来呀。于是母亲大哭起来，扎起松明子，就到山里去招我的魂。我还记得母亲一出门，便呼唤着我的小名哭喊起来："猷猷宝……回来呀……""猷猷宝……回来呀……"金色的火把像一颗闪耀着的星星在山路上蜿蜒而去了，母亲的声音也渐渐地沁进深山了，在那静静的山区之夜，母亲的呼唤充满着不安、虔诚和希望，随着月色在山中流淌。那是一个母亲的灵魂在焦急地寻找着自己儿子的灵魂啊。

也许是母亲的虔诚真的感动了山神吧，母亲为我喊魂以后，我的烧便渐渐地退了。母亲仍然不放心，仍然在夜里走进深山，一声一声地呼唤着我。我还记得那样一个夜晚，门前的天井里一片月色。母亲的呼唤声渐渐地近了，我从床上爬了起来，去迎接母亲。先是曲折的山路上闪出一团火光，随后是母亲踉跄着的身影。母亲的声音显然是嘶哑了啊，但仍然拖长了声调虔诚地呼唤着："猷猷宝……回来呀……"于是我便哭喊着，奔了过去："姆妈，我回来了哇……"

当我又一次回到故乡时，已是人近中年了。我是和哥哥、弟弟一起回乡的。我们又一次沉浸在故乡的月色中。而我那忠厚善良的母亲却早已离我们而去了。还是那青翠的竹林，还是那洁白的山茶，还是那清香四溢的桂花，还是那片永不会融化的明月。母亲的呼唤仿佛还在山谷中回响，可是，现在轮到我噙着泪，轻声地呼唤着母亲了。

母亲再也不会回答了，回答我的，是故乡的明月与青山。我想，人生不就是一连串的呼唤与被呼唤么？而故乡，则是这深情呼唤的回音壁。

哦，永远的故乡。

哦，永远的呼唤。

红苕

我对红苕的印象是深刻的。

红苕不仅仅是一种植物，一种中国山民或农民主要的食粮，而且，还是一种符号，一种人格的象征。

红苕在中国的南方和北方，在亚热带的土地里广泛地种植着，生存着，繁衍着，因此，它具有许许多多的名称：红薯、番薯、甘薯、白薯、山芋、地瓜，等等。“红苕”是它在湖北，在我的家乡的名称，严格地说，它在我的家乡只有一个简称：那就是“苕”。

红苕属于旋花科，是一种有着沉甸甸的块根的草本植物。它的块根生长在土里，有红色的，白色的，以及黄色的。红苕的块根含有丰富的淀粉，当然就可以作为山民的粮食。此外，红苕还可以酿酒，可以制成粉条，我的乡亲们称之为“苕酒”“苕粉”。

我从小就是吃苕长大的。山区水冷，虽然在向阳的山冲里可以种植水稻，但是，在不适宜种植水稻的山坡上，在一切适合于种植的星星点点的土壤里，红苕便默默地繁茂地生长起来。它的生命力格外顽强，在我的印象中，没有看见谁去给旱地里的红苕浇水、施肥，甚至没有人愿意花费精力过多地眷顾它，好像它自己生长、自己成熟是天经地义的事情。在可以种植水稻的地方，农家将主要的精力放在伺候水稻上去了。我曾在江汉平原上种植过五年的水稻，我才知道水稻是一种多么难以伺候的粮食。那时我已经18岁了，正是身强力壮的年龄，从春耕到秋收，我们每天都为水稻而忙碌着。春天的时候，我们要为水稻准备秧田，水稻要先浸种，然后撒到秧田里，去育秧。秧苗长大了，是栽秧的季节了，种植水稻的大田也犁好了，耙好了，用红花草或者是湖里的水草或者是其他的肥料打好底肥了，然后，在天还没有亮的时候，去秧田扯秧。坐在秧马上，将秧苗一把一把地扎好，挑到大田里，一个一个地甩去。栽秧的都是妇女和女孩子，再有的就是男孩子和我们这样的知识青年。栽秧是一件多么辛苦的事情啊，从早晨一直到晚上，一直弯着腰，弯着腰，最后看天上的月亮，也是弯着腰，心想，月亮是不是也在栽秧啊？然后是大田护理了。灌溉啊，施肥啊，除草啊，除虫啊，一直忙到了秋天，又忙着收割，忙着将一捆一捆的水稻挑到稻场上，堆成谷垛，待水田全部收割完毕以后，再忙着打谷（将谷粒与稻秆分离）、脱粒（去掉谷壳将谷粒变成大米），最后，才是真正可以食用的大米了。我的这些叙述，还不包括天灾人祸。所以，我私下认为，中国农民的辛苦，主要是稻农的辛苦，主要是稻农用最原始的农具，犁啊，耙啊，扁担啊，粪桶啊，镰刀啊，冲担啊，当然，还有耕牛啊，在一块一块布片似的水田里种植水稻的辛苦。主要是在一年要种植三季稻，最少是两季稻的地区，如此循环地辛苦三次或两次的辛苦。这样的辛苦，在风雨中，在烈日下，在泥水里，挥汗劳作的辛苦，是刻骨铭心的，比起那些什么都不用你去管的红苕，到了秋季你只管去扯掉苕藤，然后从土里挖出的红苕，水稻怎么不是最难伺候的粮食呢？

至于红苕，我真的不记得我曾经为它做了些什么。我唯一存在的记忆，就是挖红苕时的愉悦和欢欣。红苕藏在土壤里，藏在你一眼看不见的地方。然后你去挖掘，去发现，一个一个饱满的肥大的红苕，从土地里发掘出来，好像是在无意中挖掘到埋藏在土里的宝贝，好像是老天爷或者是大地慷慨的馈赠。那样一大堆结结实实的果实，像胖娃娃一样，从地下蹦了出来，那样一种发现的惊喜，那样一种收获的喜悦，结结实实的，沉甸甸的，也是刻骨铭心的啊。

红苕就这样在我的家乡，在莽莽的深山里，在贫瘠的坡地上，以不被人注意、不被人眷顾的方式，结结实实地生长着，默默无闻地繁衍着。就像那些山里的孩子，从来就不要大人去操心，大人也从来不去操心，他们被天照应着，被地照应着，被风照应着，被雨照应着，以最简单的生存方式，最自然的生长方式，结结实实地长大了。在这个广袤的世界上，城里的孩子更多像是农民精心伺候的水稻，用牛奶，用进口奶粉，用巧克力和麦当劳，用娃哈哈和健力宝，用蛋糕和饼干，用糖果和点心，用溺爱、迁就、放纵和温柔的管制，用填鸭和圈养的方式，娇娇地长大了。而农村的孩子，尤其是山里的孩子，则像山坡上的红苕，和山里的松杉一道，和竹林、山茶、桂花、杜鹃、茅草一道，和黄牛和水牛一道，和野兔、松鼠、猕猴、金钱豹一道，自然地长大了。我常常喜欢观察城里孩子和山里孩子的眼睛，即使他们穿着一样的衣裳，但是，我一眼就能将他们分辨出来。城里孩子的眼神是像水一样流动的，而山里孩子的眼神则是像山一样沉着的。城里孩子的心像莲藕一样，有好多好多的眼眼，而山里孩子的心则像红苕，用筷子也戳不出一个眼眼来。

在我的家乡，红苕不仅可以作粮食，而且，可以作逢年过节时送礼的礼物，春节时招待客人的点心。红苕晒干了，可以做苕干；切成片片了，用油一炸，可以做成苕片。讲究一点的人家，还在苕片上撒上芝麻，然后再下油锅。苕片枯枯的，脆脆的，十分爽口。在我的印象中，山里人过年互相走亲戚，苕干也好，苕片也好，都是用布袋子装的，不像城里人送礼，讲究的是包装，看起来金碧辉煌的盒子，打开来，也就是那么一点点月饼。山里人实在，要送就送满满的实实在在的一袋子。那装苕干和苕片的布袋子，也就是苕干和苕片的唯一包装，到时候还要带回家的。山里人恰恰不送包装。就像地里的红苕，用不着什么外壳。

城里人对于红苕的印象，也许是大街小巷里的烤红薯吧？北方人叫作烤红薯或者烤白薯，武汉人则叫“炕苕”。一个好大的炉子，里面烧的炭火，把红苕放进去，烤得绵绵的，粉粉的，香甜可口。常常是在冬天的早晨，赶着去上学，在街头，或者是学校的大门口，挑一个大大的炕苕，热乎乎的，还十分烫手，女孩子用手帕包了，先做一个暖手的“暖炉”；男孩子则用双手轮换颠簸着，暖暖冻僵了的手，再一点一点地当了早餐。

沉甸甸的红苕，实在是太实在了。于是，人们常常就用它来比喻那些实心眼的人，老实人，办事做人实实在在的人，不会耍滑头、使心眼的人。在武汉，则更多地成为一个贬义词，成为“傻”“傻瓜”的符号和象征。老老实实的人，实心眼的人，被称为“苕”“苕货”。张三和李四上学迟到了，老师问：怎么迟到了啊？张三心眼多，马上就撒谎说，路上看见一个盲人，自己学雷锋做好事，把盲人送回家了。哦，老师不但不批评，相反还表扬张三。李四呢，老老实实说实话，说是家里的闹钟坏了，自己起床晚了。老师当然就狠狠地训了李四。李四不会撒谎，李四就是个“苕货”。乘车的时候，张三不想买票，撒谎说自己的月票掉了，或者说被小偷偷走了。李四则老老实实买票，李四就成了“苕货”。

我从小就被人喊着“苕货”，至今仍然是一个“苕货”。我从来不忌讳别人称呼我为“苕货”，当然，也不会因为别人公开和暗地里称我“苕货”而生气。近年来，常常有人要我去题字，我就开玩笑地写上“苕货”二字，没想到有许多朋友，竟然都喜欢上了这样的题字，竟然托人来求我的“苕货”二字。看来，生长在土壤里的“苕货”，不只我一人呢；喜欢“苕货”的人，真是不少呢。因此，如果要我选择一种果实作为图腾，我还是会选择实实在在的红苕。果实不相信谎言和花招，果实也不相信口蜜腹剑的虚伪和钩心斗角的阴谋。果实相信的，都是实实在在的东西，实实在在的土壤，实实在在的种子，实实在在的阳光和雨露，实实在在的萌芽和生长。一个将实实在在视为美德的人，是会收获实实在在的果实的。而将实实在在当作“傻瓜”的，最终会成为最大的傻瓜。

其实，褒也好，贬也好，赞美也好，嘲笑也好，对于红苕来说，都是山林间匆匆来去的风。它依然按照自己的意愿在山里默默地生长着，依然愉快地自然而本色地结出一种叫红苕的沉甸甸的果实。

【写作提示】怎样把文章写得新颖有可读性

（一）

描写童年生活，回想过往趣事，是很多写作者热衷的。创作欲望使然，并非他们没有什么东西可写，而是，童年的生活造就了能够观照人的一生的性格特征，它就像一盏明灯，烛照生命的航程。

著名儿童文学作家金波说，儿童文学作家应该有一定的天赋——对孩子有天然的亲和力，对自己的童年有敏锐的记忆力。

董宏猷就是这样一位儿童文学作家。他的作品，正如金波老师所说，带着童年的感觉，带着写诗的感觉，带着写童话的感觉。

那么，在“童年”这一组散文中，我们究竟发现了多少金波老师所说的如诗如歌般的韵律呢？

我们先来看《回家》中的童年感觉。

也许你会说，写童年故事，不就是将那个时候的生活变成文字吗？其实事情并没有那么简单，变成文字不难，难就难在我们要让这种文字鲜活起来，并且具有艺术的感染力，它的字里行间，应该游走着甜甜的味道，就像小的时候你的口中嚼着青涩的橄榄，越嚼越有味道，它会通过你的口舌，将那种甘甜的韵味，传遍你的身心。

《回家》的开篇，有一大段关于作者老家周围环境的细腻描写，可不要小看这一段看似琐屑的描写，它浸透了作者流淌了多年的如海浪一般沸腾的情感，这是其一，更为重要的是，它的画面感极强，强到你一旦闭上眼睛，那种古老长堤街上的民居，就会一一展现在你的面前。

我们尝试着来感受一下：读了前面的文字，我们是不是有一种沉浸在过往生活的氛围当中的感觉了呢？似乎，我们也成为了那个小“猷猷”，我们在“飘逸的蒸汽中拐弯”，我们用视觉用触觉，去感受妈妈的嗔怨及温情。

（二）

文章后半部分，我们要关注这样几个细节：

一是外婆和母亲给“我”讲故事，外婆的“野人婆婆”、母亲的电影插曲。作者并没有静止地进行讲述，而是在文字的铺陈中让时间和空间获得延伸，让虚写在实写的过程中获得拓展，于是文章就变得厚重而丰富，而富有层次感，不是那么单薄，那样的单线条。例如KTV包房唱歌，例如多年后写科幻小说等，无一不是浸润着童年时代情感的烙印。

二是关于16岁第一次出远门。我们阅读着这些文字，是不是也会跟随着作者的笔墨，神游于祖国那些具有历史意义的地方呢？但作者并非仅仅就事论事，而是，在讲述故事的过程中凸现人物细节，这些细节，都不是一次完成，而是在时空延展的过程当中不断地用更为精微的细节点染母亲的情怀：妈妈和外婆为“我”提心吊胆——虚写她们的情怀；多少天以后“我”回到家，妈妈有泪却说害眼——这是实写；“妈妈您哪里是害眼呢”——再虚写；妈妈恨恨地问我：“还跑不跑”——再实写。文章就这样在虚实之间跌宕起伏，或轻或重地撞击读者脆弱的灵魂，它之所以脆弱，是因为有了爱。我们发现，爱这个主题，就像草蛇灰线，不时地游走在文章的字里行间，古人所谓“文似看山不喜平”在此处获得了最大限度的展现。

（三）

文章结尾不是那种司空见惯的幸福圆满的尾声，却是让读者深感遗憾的悲剧。之所以这样，表层上看似乎是传达了一种宿命观，实际上并非如此。我们的儿童文学，强调的是描写人生的情感历程，既然如此，生离死别，没有哪一篇好文章会远离这个规律，那么，当我们真实地反映这样的情感变化时，我们会更加珍视逝去的或者尚未远离的情感，更何况，作者选用妈妈的一首歌来结尾，具有了呼应前文歌声的效应，这就犹如音乐或诗歌旋律的复沓，让读者的灵魂感到一种深深的震撼，并且萦绕于心，久久不能忘怀。

另一篇《母亲的歌谣》，以歌谣为红线，贯穿故事始终，特别要注意上文提到的“草蛇灰线”，没有它的作用，故事就很难达到起伏的效果。再就是故事结尾，“那夜月色很好，母亲睡得很香”，含蓄地、很诗意地表达了母亲离世的情境，这样的描写，寥寥几笔，不仅观照并呼应到了前文歌声的韵味，还深刻地蕴蓄了母亲一生的辉煌、一生的魅力，一生的美丽。

建议同学们在阅读本组散文之后，再抽空阅读《瓦尔登湖》，相信会有双重收获。

第3堂课

如何写校园生活

我的老师

在我的语文老师中，印象最深的，是初中的语文老师赖佩珍了。我还记得，她是广东东莞人，当我走进武汉市四十四中的校园时，她还没结婚。她曾担任过我的姐姐董娴珍的语文老师，因此，对我家的情况是很熟悉的了。我还记得，她教姐姐时，曾到家里家访过。那时她才二十多岁，给我留下了很深的印象。

四十四中和我们家所在的守根里，只有一墙之隔，它镶嵌在汉口的老街长堤街与大夹街之间，原来是一块空地，叫“六水分园”。我还依稀地记得，在这块空地上，曾驻扎过马戏团的大篷。后来，便有一次看见打桩机，轰隆轰隆地打桩。然后，一所中学建起来了，朗朗的书声代替了昔日的荒旷。然后，我的姐姐进了四十四中，我进了四十四中，我的弟弟董宏量，也进了四十四中。

我读初一时，赖老师是班主任，我呢，是班主席，即现在通称的班长。赖老师对学生的要求是很严格的，她那时没成家，住在学校里，一门心思便用在了教学上。我那时喜爱读书，可是家境清贫，没有钱买书，便常常去赖老师的寝室里借书。赖老师有时也有意挑一些世界名著给我看。在这些书中，我印象最深的，是法国儿童文学作家埃克多•马洛的《苦儿流浪记》了。由于我从小就没有得到过父爱，由于我从小就曾在江边拉板车出苦力，因此，读高尔基的《我的童年》，读马洛的《苦儿流浪记》，便使我往往不知不觉地流泪。我至今还记得《苦儿流浪记》一开篇的第一句："我是捡来的孩子。"这样一种自传体的叙述方式，一直影响了我今天的创作。我之所以选择了儿童文学，是与这样的阅读熏陶分不开的。

赖教师无疑是喜欢我的，除了我的成绩好，我的聪明憨厚，还有她对我家家境的同情。于是常常是星期天，她爱带我上街，带我逛书店，让我挑选自己喜爱的书，书钱当然是由她来付了。除了买书，她还时常给我买文具。这样的关怀，即使在她谈朋友的时候也未间断过。我还记得有这样一个星期天，她突然和一个男人一道，带着我上街了。我猜想，可能是她的男友吧？那么我会不会妨碍了他们呢？于是我便觉得很不自在。倒是赖老师坦然。在一个大男人与一个小男人之间，她的"广东普通话"仍然一如既往地灿烂，同时也没忘记给我买书。

读初一时，我的一篇作文《金色的童年》在市里的作文竞赛中获奖了。这肯定是赖老师推荐的了。它的获奖，也许是因为它写了一个

小男孩在鄂南山乡里童年的生活，那系着铜铃的牛儿，在雾气缭绕的竹林里，在露水凝珠的山茶丛中，叮咚叮咚地走过。没有幼儿园的积木、滑梯，也没有集体的唱歌与舞蹈，只有静寂而贫困的山乡里，母亲喃喃的摇篮曲，抱着我的量弟，又拍着我，哼啊，哼啊："宝宝快睡觉觉哦……"我还记得赖老师在班上念这篇作文时是颇动感情的。我不敢肯定她眼中汪汪的波光，就是读这篇苦孩子写的作文时的泪花。然而可以肯定的是，当我获奖后，她是高兴极了。她帮我领到了13元钱的奖金，亲自带我到眼镜商店去配了一副眼镜。那是我的第一副眼镜，我戴了好多好多年。

除了给我买书，指导我的课外阅读，赖老师还对我进行课外的作文辅导，那就是教我如何观察生活。她有时带我到街头或码头，去观察各种各样的行人或旅客，以及叫卖各种商品的小贩们。她告诉我注意抓他们的特征，而我常常却学一些叫卖声给她听，例如："玻璃瓶卖——"，我故意喊成"剥你皮卖——"惹得她又好气又好笑。她板着脸"罚"我把这"剥你皮卖"的人写下来，而我却不知道，这实际上是在督促我练习人物素描。这种方法，在我当了语文老师后，也曾广泛地实践过，而且挺有效果。如今，我的许多学生还记得这样一种活泼的作文课，殊不知其来源于赖老师当年对我的"惩罚"。

我念初中时，最大的愿望是当一名记者，一名能漫游世界的记者，而赖老师却要我去读师范，而且一定要读华中师范学院，因为她是华师中文系的毕业生。她希望我高中进华师一附中的愿望落空了，因为我初中毕业时，就爆发了"文化大革命"；然而我后来仍然进了华师中文系，而且当了一名语文老师。这是不是命运的安排呢？倘若是，那么一定是赖老师对我的关怀、培养与爱感动了上帝吧？

一晃眼，我已近中年了。我已有多年没见过赖老师了。她后来调到武汉市十五中学工作了，我后来去看她时，她是十五中的教导主任。好多年过去了，我没有忘记她，而她肯定也不会忘记我，不会忘记我的姐姐和妈妈。赖老师，姐姐董娴珍如今在苏州工作了，而我的妈妈，早已经去世了。她生前一直是感激着您的，感激着您对她儿子的厚爱。如今，她已长眠在东湖边的吹笛山上了，那是一片郁郁苍苍的松林。在她的坟前，是碧绿的春草，还有一串一串紫色的野花。

灯

一

我还清晰地记得第一次走进西港中学的日子，那是1977年的10月14日。我还清晰地记得那天秋高气爽，我边走边问竟走了整整一天，才找到这个紧靠着长江的乡村中学。

我站在校门口时暮色已经苍茫了。我竟不相信这就是我寻了整整一天的西港中学。几排简陋的平房，那就是教室了；巴掌大的一块操场兼篮球场，操场外便是水田，打篮球时稍稍一使劲，球便会飞到田里去。

学校的老师见了我也很惊异，他们惊异于一个师范大学的毕业生怎么会提前来报到，并且是走着来的。后来我才知道，由于这里被称为武汉市的“西伯利亚”，许多分配来的师范生总是想方设法拖着不来报到，然后再调走。调不走的，也是磨磨蹭蹭地拖个十天半月才来。他们已经习惯了这种不正常，因此我的正常反而让他们觉得惊异，觉得不正常。

吃过晚饭以后天就黑了，是乡村那种沉静而潮湿的黑。那天晚上停了电，窗外的旷野便与夜幕拥在了一起，黑成了混沌。窄小的教师宿舍里，老师们纷纷点亮了油灯。我曾在江南的农村下放劳动了五年，油灯于我并不生疏，而且感到了一种久别重逢的亲切，一种朦胧着唐诗宋词意境的诗意美。但我还是惊异了。我发现这些煤油灯都是老师们自制的，或是墨水瓶，或是罐头瓶，或是形状各异的药瓶，装上煤油，然后用细铁丝缠着一团棉纱，便是一盏灯了。灯火颤颤地亮着，如小生灵般有着生命。老师们便躬腰埋首于这飘忽微弱的火苗前，备课，批改作业。油灯的火苗很小，却将老师的身影映得很大，一直映到了筑着燕巢的屋梁上。

二

我就这样开始了“乡村男教师”的生涯。在这个被霓虹灯遗忘了的角落里，我也为自己准备了一盏煤油灯。那是一个装过糖水梨的空罐头瓶，用细铁丝首先在瓶颈绕了一圈打了个扣，然后在铁丝的另一头缠上一团棉絮搓成的“灯芯”，伸进装了半瓶煤油的瓶中，玻璃瓶便又充当了灯罩，远远地望去，如装了一只萤火虫儿。

制作灯芯的棉絮，是顺手在床上的垫絮上揪下来的。五年后当我离开西港中学时，那床菲薄的垫絮已经斜斜地揪掉了一半。

床上的垫絮成了灯芯，我便睡在了“灯芯”上，我与床便成了一盏“灯”。作燃料的便是我的血，而那金色的火苗就是一颗跳动的心。

三

冬天说来就来了。“西伯利亚”的冬天来得早，走得迟，仿佛这儿是冬天的老家，冬爷爷在这儿生活得格外惬意。

西港中学的四周，是长江，是湖泊，是旷野，一到晚上，呼啸的北风便叫着闹着开起了音乐会。四壁透风的教工宿舍便冷如冰窖。坐到半夜，脚便冻麻了，只好偎在被子里看书备课。于是在床边摞一把靠背椅，椅子上摞一方凳，方凳上再倒扣一脸盆，脸盆上再放上罐头灯。如此搭积木般搭起的“台灯”，美其名曰“自动调节”。倘若靠累了，想睡着看书，便搬掉方凳；倘若将背伸直，还可在脸盆上再倒扣一个茶缸。这样的“台灯”，高低远近，均可自己动手随意安排，可不就是“自动调节”吗？

整个寒冷的冬天，我就是这样不停地调节着灯光度过冰冷的寒夜的。常常是远处传来一阵阵的鸡鸣声，已经起床准备早餐的食堂的潘师傅咚咚地敲着我的玻璃窗，喊道：“董老师，睡觉哇。”我才意识到天快亮了。于是索性翻身起床，拿着脸盆来到水池边，轻轻敲开水面的薄冰，舀一盆凉水，抖抖索索地洗去一夜的疲乏，然后吹熄灯火走向长江大堤，去迎接又一个黎明。

四

“西伯利亚”的夏天来了。学校周围，全是水田以及农家的猪圈，于是蚊子便格外地繁茂。尤其是闷热的傍晚，每个人的头顶都盘旋着一团“乌云”，黑色的蚊群死皮赖脸地缠着你，随便抓一把，就可以炒一碗。

我一到西港中学，带的就是毕业班。那是1978年的夏天，这所偏远的乡村中学也开始抓升学率，毕业班便开始了该校“文革”后的第一次晚自习。我还记得那样的一个晚上，学校照例停了电。在乡间的小路上，在响着蛙声的水田旁，在炊烟刚刚消散的村庄，在摇曳着月色的湖畔，闪出了一粒粒金色的“星星”。学生们提着各式各样的煤油灯，怀着对晚自习的新鲜与兴奋，像赶集似的来到了学校。教室里，便成了油灯展览会。有老式的带灯罩的煤油灯，那也许是一个家庭传了数代的“传家宝”；有简陋的罐头瓶灯，药瓶灯，墨水瓶灯，还有就地取材的“瓦片灯”。所谓“瓦片灯”，是没有带灯的学生找来一块红瓦，砰地摔破，择一块形状好的，在红瓦的凹处倒一点煤油，放一根灯芯，便也幽幽地亮了起来。我也提着自己的罐头瓶灯，走上讲台开始讲课。我的眼前是一片闪烁的火苗，如刚刚破土的嫩芽。而我在讲课时，则左手高高举灯，右手在黑板上板书，灯光在黑板上移动着，我的整个身躯与高举的油灯便成了知识海洋中的一座灯塔。那个时候，农村还很穷困，煤油也很珍贵，为了节省煤油，在有月亮的晚上，我便带着孩子们在月光下上课。休息时，我便在月光下为孩子们拉小提琴。农村的孩子没有见过小提琴，见我歪着头拉，便笑称其为“歪颈子琴”。我为孩子们拉的，常常是《梁祝》和《二泉映月》。月色如水。琴声如水面的涟漪，一圈一圈地漾了开去。我沉浸在琴声里，孩子们也沉浸在琴声里。操场上很静，噼噼啪啪拍打蚊虫的声音也悄然消失了。是不是蚊虫也醉在这琴声里了呢？一曲拉完，孩子们还痴痴地坐着，每一个人的头，都如我一样向左歪着。也许是因为我歪着头拉，孩子们也情不自禁地歪着头听吧？

在那样的时刻，我常常是感动了。我的琴，其实拉得很蹩脚，我从来没有拥有过这么多虔诚的听众，四五十个乡村孩子，将小提琴称为“歪颈子琴”的孩子，每个人都神情专注地歪着头，在月光下雕塑成自然与纯真。

五

罐头瓶灯的灯光实在是太微弱了，这样下去，孩子们的视力可要受影响呢。校长便从仓库里清出一盏旧汽灯，送到几十里外的葛店去修了修，居然能用，于是“西伯利亚”的晚上第一次亮起了炽白明亮的“太阳”。

汽灯亮起的那个晚上，教室里一阵欢呼。煤油灯顿时黯然失色了。许多老师也从宿舍里走了出来，挤在一间教室里，借助着灯光批改作业或备课。

但是这盏汽灯毕竟是老掉牙了，总是滋滋地漏气，点不了半个小时，灯光就渐渐地暗了下去。于是我便将汽灯放在地上赶快打气。滋，滋，滋，滋，汽灯由暗红渐渐地变得炽白，我脸上的汗珠也雨点般洒落在地上。汽灯不漏气了，我却呼哧呼哧地直喘气。等我脊背上的汗干了，不喘气了，汽灯又滋滋地“喘气”了。于是又将汽灯取下来，又汗流浃背地继续打气。就这样反复折腾，一个晚自习下来，汗水与油混流，身上的衣裳湿了又干，干了又湿。因为教室里有女学生，长裤和衬衫始终贴在身上，水淋淋的，像刚刚淋了一场大雨一样。

看见班主任这样辛苦，孩子们坐不住了。第二天晚上，当“老爷灯”又开始“喘气”时，几个男生不约而同地抢起灯来。

“我来打！”

“不！我来！”

我顿时板起脸吼了起来：“谁叫你们下位的？都给我回到座位上去！”

孩子们从没见我发过火。教室里顿时鸦雀无声，待我满头大汗地将汽灯重新挂在教室中央时，我发现几个女孩眼里闪着晶莹的泪花。

在那个茫然的夏天，为这盏“老爷灯”打气简直成了学校的一件大事。一天晚上，校长来了，党支部书记也来了，大家轮流为汽灯打气，每人打 50 下。我趁机在黑板旁写了两行大字：“老师为我们打气，我们一定要争气！”于是教室里安静极了，尽管蚊虫仍然在猖狂进攻，可是教室里听不到拍打蚊虫的声音。

于是我的心又难受了。于是我常常发布这样的命令：“现在，开始打蚊子！”

于是孩子们便一阵欢呼，开始用手、用芭扇噼噼啪啪地打蚊子，用清凉油搽拭被蚊虫咬肿的地方。教室里，弥漫着煤油味儿和清凉油味儿，使人忍不住老想打喷嚏。整整一个夏天，我就这样为孩子们打气，讲课，让煤油与粉笔灰装扮我汗涔涔的青春。不管是炎热如火，不管是暴雨如泻，毕业班教室的灯光始终没有熄灭。那一年，西港中学打了个翻身仗。过去一直“扫跑道”，如今一跃进入中游，在全区 28 所中学中名列第十三。此后，又一年一个飞跃，考生成绩与升学率常常保持在前五名之内。

那盏“老爷灯”，后来终于退休了。我至今还常常怀念着它，不知它是否还躺在仓库的角落里？

六

春天来了。

西港中学被镶嵌在彩色的田野里。一块块紫色的紫玉英，一块块金色的油菜花，与河边湖畔轻云般的桃花一道，将春意酿得浓浓的。校园里，飘荡着醉人的花香。蒙蒙烟雨中，洁白的栀子花又润润地开了。女学生的鬓发上，也插上了一朵朵清香；男学生，则把栀子花藏在书包里，于是教室里便漾着淡淡的清香。

不知怎么的，孩子们知道了我也喜爱栀子花。也许是我宿舍的窗台上，用玻璃瓶养着一朵栀子花吧？孩子们觉得一个城里的老师认同了他们的喜爱，于是便用栀子花表达了他们的亲切。上课时，我庄严地走上讲台，突然发现讲台上多了一个罐头瓶，装着清水的瓶中，插满了洁白的栀子花。就在我突然惊异的一刹那，故作安静的教室顿时爆发出一阵欢乐的笑声。下课后，我回到宿舍，窗台上也换上了刚刚摘下的、花瓣上还缀着露水的栀子花。我的宿舍门，平时是

不锁的，我的书报杂志，常供学生们借阅；孩子们吸个墨水，打点开水，也爱上我宿舍来。于是在夕阳西下时，我发现我的床上枕边也放上了栀子花，是用花手帕细心包着的；蚊帐钩上，也用丝线吊起了栀子花。

栀子花的清香，据说可以驱蚊虫的。于是，在蚊虫尚未聚集成云之际，我开始进城购买正规的带灯罩的煤油灯。

然而我却失望了。我跑遍了武汉三镇，没有见到煤油灯。刚开始跑大商店，灯具柜的小姐听说我要买一百盏煤油灯，便用异样的目光望着我；有的则对我的武汉话表示了怀疑，仿佛一眼看出我是个乡巴佬。大商店没指望了，我又跑小商店、小杂货铺，然而在霓虹灯闪烁的大都市里，煤油灯早就无声无息地消失了。

煤油灯竟成了难以寻觅的文物？对于一个乡村男教师来说，这究竟是喜还是忧呢？

城里难寻，我便向县城挺进。那时我的妻子在黄陂县一中教书，我和她寻遍了黄陂县城，终于买到了一百盏煤油灯！

煤油灯总算买到了。但是要将这些脆嫩如婴儿般的宝贝运回不通长途汽车的“西伯利亚”，并不是一件容易的事情。这些轻轻一碰就破的灯罩，还有玻璃灯壶，全用报纸与稻草一个一个地细心包好，装筐。为了侍候这些宝贝儿，我和妻从下午一直包装到晚上。第二天，又请人帮忙运到长途汽车站，小心翼翼地捆在了车顶上。汽车发动了，我的心也悬了起来。过去总嫌长途汽车开得太慢，可那天我却觉得车开得太快。路面不平，车稍一颠簸，我的心就哆嗦起来，神经质地朝着司机喊道：“师傅！师傅！慢点哟！”这样大声地喊了几回，司机不耐烦了，停了车吼道：“怎么回事哟！是不是病了哇？

硬是喊得人慌慌神！”旁边的一位老人也关心地问：“哪里不舒服哇？是不是肚子疼？”一向风趣幽默的我，此刻却结结巴巴了：“不是病，是灯，煤油灯……”

就这样，一路提心吊胆，总算熬到了武汉，下车时，我觉得浑身发软，贴身的背心都汗湿了。

然后是将宝贝儿运回家中。然后是通知学校，联系了一辆卡车，将这批灯又从城里拖到了乡下。我还清晰地记得，车进学校时，已是下午了。老师们和学生们高兴地将竹筐抬下车，迫不及待地就要拆包。就在当天下午，老师们每人发了一盏煤油灯，毕业班的学生们每人发了一盏煤油灯。当天晚上，学生们将灯罩擦得亮亮的，双手小心翼翼地捧着油灯，鱼贯走进教室，如同举行神圣的宗教仪式。当我也手捧油灯走上讲台，望着一团团被灯罩呵护而凝然不动的火苗，想想那些冒着黑烟的“瓦片灯”，心中感慨万千。我的眼睛不知怎么就湿润了，许多的光斑顿时模糊成一粒泪珠，盈盈地含在了眼中。

教室里静静的，静得能听见轻轻的呼吸声。猛然间，我转身在黑板上疾书了一行大字：

“一个时代结束了！”

当我激动地写完最后一个惊叹号，我的身后响起了一片热烈的掌声。在这热烈的掌声中，一所乡村中学终于结束了“罐头瓶灯”和“瓦片灯”的“原始时代”。在爱迪生发明电灯整整一百年后的初夏，一位乡村男教师为他的学校，为他的学生们运来了第一批正规的由工厂生产的煤油灯。

七

煤油灯买回来了，可是煤油又成了问题。学校的经费困难，煤油是定量配给的。而我是学校里有名的“夜猫子”，几乎夜夜都熬通宵，于是油就用得格外快。那时我正狂热地爱上了儿童文学创作，但我只有在下了晚自习、批改完作业、备好课后的深夜，才开始文学创作。而情思奔涌之际，偏偏又是油干灯灭之时。欲罢不能，欲敲开其他老师的门借煤油又于心不忍，痛苦得只想将煤油灯砸碎，可是紧捏的拳头最后还是落在了自己的脸上和头上。

夜深人静。校园睡熟了，田野与湖泊也睡熟了。就在我困兽般在斗室里烦躁地走动时，借助着窗外朦胧的月色，我突然发现窗台上有两个蜡烛头！

直至今日，是谁在我的窗台上放了两个蜡烛头，仍然是一个谜。曾问过所有的老师和爱用蜡烛的学生，得到的全是否定的回答。甚至有老师开玩笑，莫不是《聊斋》里的狐仙送来的哟。但我固执地认为，一定是我的学生悄悄放在窗台上的，而且，是性格内向不事张扬的女学生。

调查“狐仙”产生了意想不到的效果，学生与老师们都知道了我需要蜡烛头。于是，我的窗台上便常常放有蜡烛头。有的老师在临睡前，还将未点完的蜡烛放在门前，朝我的窗口喊一声：“董老师，需要蜡烛，自己来拿啰！”

于是在“西伯利亚”的深夜里，一截一截的蜡烛头在我简陋的书桌上展开了“接力赛”。每一截蜡烛头都无言地燃着深情，燃着友谊，温暖着我的心，伴我度过漫漫长夜，直至点燃东方的晨曦。

八

在西港中学，我几乎年年带的是毕业班。一批一批的学生毕业了，离开了学校，飞向了不用煤油灯的地方。可是他们没有忘记母校，没有忘记还有一个在深夜捡蜡烛头的老师。

我还记得一个寒冷的冬夜，一个已在城里工作的学生，给我送来了两塑料瓶煤油。好长时间没有用煤油灯了，当我擦亮灯罩，灌满煤油，捻亮灯芯，顿觉满室生辉，恍恍然如沐浴于春阳之中。那天晚上，我着着实实地高兴了一夜，油灯亦如久别之情人，含情脉脉地伴我到天明。

中国自古就有“雪中送炭”的故事。可是，在 20 世纪的 80 年代，“冬夜送油”的故事仍然令我终生难忘。自此以后，又有毕业工作了的学生给我送煤油来。这些经历过“瓦片灯时代”的学生们，给予了一个乡村男教师最珍贵的理解，那就是为老师点亮一盏煤油灯。

九

我离开西港中学的时候，毕业班的教室里已经安装上日光灯了。校园里，也竖起了一座两层楼的“教学大楼”。操场上，铺起了水泥篮球场，当然，打球时仍然不能使蛮劲，不能让篮球飞到围墙外的水田里，惊扰了禾苗与青蛙的梦。

离开西港中学的前夜，月色很好，仿佛是理解了我的情绪。那天晚上又停了电，使我有机会点亮了罐头瓶灯和煤油灯。夜又深了，学生们的说笑声海潮般退去，而许许多多难忘的回忆却涨潮般涌来。

多少年了，油灯默默地伴我看书、备课、写作，默默地与我一同肩负着沉甸甸的夜，走向黎明，走向朝霞。今夜，就让我第一次也是最后一次好好地陪陪它们吧。就这样，面对着油灯，静静地坐着，默默地用燃烧的心与燃烧的灯无声地对话。在这默默的凝视中，我重新品味了一首唐诗的意蕴：

君问归期未有期，巴山夜雨涨秋池。
何当共剪西窗烛，却话巴山夜雨时。

天明了。薄荷般清凉的晨风，送来青草、野花以及新鲜牛粪的清香。我将油灯留给了后继者，那也是一个小伙子，一个从霓虹灯下走来的乡村男教师。

【写作提示】写好细节就能感动读者

（一）

在人们眼中，好像散文的细节并没有那么重要，似乎只有小说细节才能产生轰动效应，其实不然，散文同样需要细节，而且散文对细节的要求同样十分严格。此处我把对细节的要求界定为九个字：文字少，内涵深，容量大。在《灯》这篇散文中，它所拥有的细节，几乎成为支撑起整个故事的栋梁，如果去掉那些细节，《灯》这篇散文将会变得平庸，变得没有个性，而平庸的没有个性的散文，就根本上升不到文学作品的高度，是很难引起共鸣并打动读者的。

先看事件细节。在第一部分，作者说“油灯的火苗很小，却将老师的身影映得很大，一直引到了筑着燕巢的屋梁上”。我要说的是，这是富有画面感的一段描写，是场景细节，透过这个画面，我们才能够想见到生命在极端困苦的条件下的挣扎。

接下来我们发现了一个物件细节。“五年后当我离开西港中学时，那床菲薄的垫絮已经斜斜地揪掉了一半”（这就是细节）。被揪掉的那一半干什么用了呢？这当然是不言自明了（艺术空白，留给读者去想象），结果“我”只剩下一半垫絮，怎么挨过那寒冷的冬天呢？后面这些问题，就呈现出了细节的特色：内涵深。作者以这样的细节描写，来揭示当年的环境之艰苦，震撼的力量，很沉重。

（二）

第三部分的细节是写“我”熬夜的程度。作者不说熬夜很晚这样抽象的说项，而是借用潘师傅敲窗说“董老师睡觉哇”

这样的话语来留下一些空白，让读者去填补。

“我”拉小提琴这段描写，分明捕捉了一些生活中的生动细节，表层上看足以当作笑料，其实这正是原生态的细节呈现，“每一个人的头，都如我一样，向左歪着。也许是因为我歪着头拉，孩子们也情不自禁地歪着头听吧”，只有营造了那样一种场景氛围，才会有歪头的精彩，所谓“神情专注”才会找到与它相应的形象化描写。

文章第五部分，讲述的是用汽灯的艰难以及学生们如何争抢着为“我”的灯打气的故事。“我发现几个女孩眼里闪着晶莹的泪花”。作者用另外一种方式来传达学生们内心的感动，仅仅一个闪着泪花的情态细节描写，就足以表达并大于千言万语的爱。

（三）

接下来是关于栀子花的细节。“我庄严地走上讲台，突然发现讲台上多了一个罐头瓶，装着清水的瓶中，插满了洁白的桅子花。就在我突然惊异的一刹那，故作安静的教室顿时爆发出一阵欢乐的笑声”，这一方面以画面的美感表达了孩子们质朴的内心世界，另一方面还以听觉表达了孩子们对“我”的爱以及“我”的向心力。“我发现我的床上枕边也放上了桅子花，是用花手帕细心包着的；蚊帐钩上，也用丝线吊起了桅子花”，这样的描写是颇有戏剧性的，作者通过对花的画面式解读，充分挖掘了孩子们清纯的灵魂世界，读者读之，如沐春风，如饮甘霖。

实际上，本文中最精彩的细节，应该算是关于蜡烛的描写了，不，是蜡烛与人的描写。当煤油成了问题，当“我困兽般在斗室里烦躁地走动时，借助着窗外朦胧的月色，我突然发现窗台上有两个蜡烛头”，这个细节的捕捉很有意思。

直到故事结尾，作者都没有向我们吐露出“作案者”究竟是谁，也许是作者有意为之，也许根本就没查出来，但不管怎么样，故事以这样的方式收束，是非常精彩的。这就让读者在阅读之余留存了思考的空间。

第4堂课

如何写我们居住的城市

一个人的解放

说起解放公园，应该是此生有缘了。从20世纪80年代起，我就调到武汉市文联工作，单位的地址，就在解放公园路。那时，我还住在汉口的长堤街，每天上班下班，都要骑车经过解放公园。但路过的多，进去的少。岁月匆匆，我感觉深刻的，倒不是解放公园，而是它大门前的解放公园路。那是武汉市最美的一条马路。尤其是炎炎夏日，马路两边高大的法国梧桐，在高空相互携手，连接成拱形的林荫大道，遮蔽了酷暑火球的焦烤。一进解放公园路，便觉阴凉清爽，暑汗渐消，顿有心旷神怡之感。而进深秋，黄叶纷飞，风渐肥而雨渐瘦，空旷树廊，路湿人稀，漫步街头，便如同漫步在印象派的油画和《秋日的私语》的钢琴曲之中，那样一种宁静、疏朗、空寂的感觉，诗意而惆怅。那时我在文学月刊《芳草》当编辑，主编是作家杨书案，他的家就在文联宿舍。他说，每天晚上，都要和妻子围着解放公园散步一圈。我想，那是多么幸福的事情啊。

也许是因为偏僻的缘故，解放公园给我的印象便是清静。

中山公园地处闹市，多少年来，一直是武汉的窗口，是武汉公园的形象代表。因此，一到节假日，中山公园便像个大集市，热闹非凡。而凑热闹和跟风扎堆，恰恰是武汉市民的文化性格。相比之下，解放公园的名气和人气，都在中山公园之后，而且，它温和而宽容，自甘寂寞和宁静，全无“既生亮何生瑜”的焦虑和郁闷，于是，便赚得个清爽和宁静，给喜欢清爽宁静的游客一个怡情养心的空间，一个欣赏公园本色的样本。这是多么好的事情呢。

我对解放公园的喜爱，也恰恰是这样一个原因。我固执地认为，“公园”和“广场”“集市”，是有本质的区别的。公园之于城市，尤其是都市，不仅仅是绿化，不仅仅是休闲，而是一个城市生命的呼吸，生命的通道，是一个喧嚣的钢筋水泥的城市安放灵魂的地方。这样的地方，自然是应该清静的，是属于清风明月，小桥流水的，是让人在清静的大自然中呼吸水气与花香，放松生命紧绷绷的弓弦的。热闹与喧嚣不是公园的本色，让公园变成集市和广场，不是城市和公园的骄傲，恰恰相反，是城市和公园的耻辱。

我去解放公园，便是选择它的自然与清静去的。公园里有多少景点，有哪些布局，都和我无关，或者说，不是我所关心的。我要的就是一整园的自然和朴素，一整园的清爽和宁静。我喜欢它弯弯的小河，河上的石桥，偶尔有一两只游船，缓缓从河岸的柳丝中滑过，而不是像下饺子似的，将一湖碧水煮成了糊汤。我喜欢它高高的笔直的俊朗的水杉林，包括成群结队的鸟儿晨跃晚归的灵动与兴奋。我喜欢它很少有人践踏和打滚的草地，很自由地快乐着，舒展着。我还喜欢在夏日的清晨或者傍晚，不知从哪里传来的蛙鸣，呱，呱，呱的，很节制，很寻觅的，晨雾和暮色被它的声音撞得一抖一抖的。此外，我还要说，我喜欢它最宁静的地方，是苏联空军烈士墓。我常常无言地坐在那里，什么都不想，就只静静地坐着。我不知道这些烈士的名字，以及他们的家乡在何处。解放公园名称的内涵，应该和他们的牺牲有关吧？很多年前，《武汉青年报》的摄影记者黎德利拍摄过一幅动人心魄的作品：苏军烈士墓前，一男一女相对的腿。德利没有展示青年男女的上半身，而是让女孩子的脚尖高高地踮起，给人无限想象的空间。他们是在拥抱吗？是在接吻吗？照片中都没有交代，而是命名为《战争与和平》。

是不是我的生命中注定要和解放公园有缘呢？1989 年，我因心脏病而第一次住院。困扰我的是心律不齐，室性早搏。此后的八年中，我先后三次住院，我最美好最重要的生命时段，就消耗在因病而产生的困扰、折磨和痛苦之中。第三次出院后，我下决心在写作上“休耕”一年，摆脱一切杂务和干扰，潜心调理自己的身心。我的家虽然离解放公园尚有几站路，但仍然是我安放灵魂的首选了。每天的黎明时分，天还没有亮透，我就骑车到了解放公园。现在的公园，早晨是属于老年人的，晚上是属于年轻人的，这真是个有趣的现象。我就这样融入了晨练的人群中，到公园来吸取生命的能量。我的目的地，是一棵大松树。在我的冥想中，我和树是彼此的前世今生。

我不跑，不走，也不舞枪弄棒。我就在树下练功，静静地，进入纤尘不染的纯净世界，让灵魂从重负、压迫、束缚、创伤中解放出来，如野花一样在清风中自由地开放，如青草一样在原野上顽强地生长，与天地万物同呼吸共命运，让生命找回自己，找回本我，并且沿着它自己的轨道不受干扰地运行。

半年过去了。我和公园渐渐地就有了感情。一天不去，就像少了什么似的，浑身上下就觉得不舒服。那些树，那些草，那些花和流水，那些阳光和月色，也熟悉了我，喜欢了我，将我视为了同类、朋友和亲人。我觉得自己渐渐地有力量了，渐渐地轻松了，渐渐地有了飞翔的欲望了。我将一个旧我，一个沉重的壳，留在解放公园了。一个新我如黑土地上春笋般地长了出来。我有一种新生的愉悦与畅快，一种解放的安宁与温馨。

我在解放公园获得了一次解放，这是一个人的解放，一个生命的解放，一个灵魂的解放。

现在，我又很少去解放公园了。我又开始满世界地忙碌和奔波。如果说解放公园是一个窝，一个巢，一个摇篮，一个生命的起始点，那么，一只渴望飞翔的鹰是不可能成天待在鹰巢里的。而且，一个人对一个地方的喜爱和珍惜，是不能用简单的数量作为衡量标准的。就像故乡，故土，老屋傍晚的炊烟，远行时母亲送别儿女含泪的目光，以及在晨风中飘动的白发，是不可能日日复制的。它会成为生命的底色，永远地沉淀在我们的忆恋中。

择水而居

武汉又早早地陷入高温之中了。还是大清早呢，天上地下就白晃晃的一片热光了。躲在钢筋水泥的笼子里，朝窗外望去，四周全是拥挤的钢筋水泥的笼子，眼前唯一的绿色，仅是对面高楼防盗网中一点点的盆景，那纤柔的叶片也被烈日晒得蔫蔫的了。

常常在这样的时刻，我便强烈地想起了江河，想起了湖泊，想起了绿莹莹的湖水，想起了清凉凉的湖风。

要是居住在水边，尤其是湖畔，那该有多好呢？是的，太阳还是照样的晒，高温还是照样的横，但是，眼前波动的，毕竟是水了，是绿了，是滋润着生命的水和绿了，是与生命融为一体的大自然了。而在一个人口密集、高楼林立的现代化大都市里，自然与湖泊，自然的湖泊，是比金子还要珍贵的啊！

是的，生命是离不开水的，严格说来，我们赖以生存的地球，其实是一个水球。地球上所有的生命，都是从水中开始孕育的。因此，当人类走出了森林，走出了洞穴，开始建造最原始的房屋，他们唯一的选择，就是择水而居。现代考古学所发掘的人类最早的城市遗址，是中东地区的古耶律哥民居，这片万年以前的民居，就聚集在约旦河谷。中国新石器时期的村落遗址，是位于西安东郊的产河东侧的半坡村遗址。开阔的河滩台地，是我们的先祖农耕与渔猎的好处所。而与半坡村同时期的许许多多的古代民居遗址，基本上都分布在黄河与长江以及江河湖泊的两畔或周围，即使是出土的古代干旱高原地区的建筑，例如距今四五千年的内蒙古凉城境内的原始社会土窑群落，其面对的，也是称为岱海的浩瀚湖泊。

一座座房屋，一片片民居，一个个城镇，全都选择在江之畔，河之畔，湖之畔，溪之畔，以及一切近水之地。择水而居，其实是生命繁衍的选择，是人类生存发展的选择啊。

我们的祖先就这样“在水一方”生活着，劳作着，爱恋着，争斗着。“关关雎鸠，在河之洲，窈窕淑女，君子好逑”，那是河边的相思吗？“君住江之头，我住江之尾”，哪怕相隔千万里，可是“共饮一江水”，水便传递了相思，成为古代的“伊妹儿”了呢。“窗含西岭千秋雪，门泊东吴万里船”，一江春水，给了一生颠沛流离的杜甫多少愉悦呢？“明月松间照，清泉石上流”，那是王维的宁静与闲情。柔情似水，心静如水，愁与仇又何尝不是如水呢？“问君能有许多愁？恰似一江春水向东流”，那是永远没有终点的愁绪；“风萧萧兮易水寒，壮士一去兮不复还”，那是舍生取义的悲壮的复仇。“大江东去，浪淘尽，千古风流人物”，那是东坡的豪放；“杨柳岸，晓风残月”，那是柳永的婉约……水不仅滋润着人类的生命，更滋润着人类的情感，滋润着人类的艺术创造，滋润着人类的文明。所以，新中国流传最广的一首歌，唱的就是“择水而居”：“我家就在岸上住，听惯了艄公的号子，看惯了船上的白帆。”

我这一辈子，也与水结了缘。生在江城，长在江城，就不用说了；我下乡是在湖区，大学毕业工作，也是在湖区。我的第一本小说集，叫《湖畔静悄悄》；第二本小说集，叫《长江的童话》；我的诗集，叫《帆影》；我现在居住的小区，叫“荷花苑”。遗憾的是，小区空有其名，而无其实：四周全是干巴巴的钢筋水泥笼子，连水沟也看不见，哪里来的荷花呢？

然而我仍然向往着，梦想着，有朝一日，能在湖畔结庐而居，在清粼粼的湖畔，安妥我的灵魂。那是一个小小的院落，坐落在绿莹莹的湖畔。在绿树与竹林的掩隐中，是一栋平房，或者两层楼的楼房。墙上也许有绿色的爬墙虎，但二楼一定要有落地的玻璃窗，面对着水天一色的湖面。那应该是我的书房，宽敞而明亮，坐在窗前，看落霞与孤鹭齐飞，秋水共长天一色，心中该有多少诗情涌动呢？有朋自远方来，或垂钓于湖边，或放舟于湖上，夕阳西下，明月初升，清风徐来，凉气沁心，或把酒，或抚萧，或笑谈，或放歌。有鱼泼剌剌跃起，由它去也；无心飘进荷丛，且留清香。一个浪漫的总是充满激情与梦想、充满勃勃生命力与创造力的善良而忠厚的生命，一个也因此总是遭受偏见、误解、打击、诬陷、嫉妒、压制的伤痕累累的生命，应该有一湖清水来洗涤跋涉的尘土以及暗箭洞穿的伤口了。经历了人生的坎坷与磨难，应该有一湖清香来慰藉疲惫的灵魂了。如此全身心地融入自然，回归自然，安放的不仅仅是肉身，而是心灵啊。

那么，就让这样的梦去旅行、去寻觅好了。不用远行，就在武汉的湖畔飞翔好了。也许有一天，它会落下地来，然后萌芽，生长，长出一栋梦之居来，在清粼粼的水边，在绿莹莹的湖畔。

我与归元

对归元寺最初的印象，应该是我十周岁的时候。母亲带我到归元寺去数罗汉。我依稀地记得，那天穿了新衣，走了好远的路，进了寺院，便到放生池去放生。那是一只小乌龟，怯怯地伸出头来，又赶紧缩了回去。我已经跟它玩熟了，就有些舍不得。母亲说，它也有妈妈，它也要回家，就放了吧。母亲是善良了一辈子的，她除了给我生命，唯一给我的，就是善良。我说好吧。我就将小乌龟放了。我记得池水很绿，是那种深深的绿。小乌龟沉进水里，很快就不见了。就在我担心它的时候，它突然浮出了水面，伸出头来，母亲说，快看啊，快看啊，它在对你点头，向你致谢呢。

放了生，然后就是数罗汉。那是武汉的风俗，小孩过生日，尤其是做十岁，都要到归元寺数罗汉的，随意找一尊罗汉，然后顺着数过去，如果是十岁，就数十尊，再看第十尊是什么罗汉。这尊罗汉便预示了你的命运。那天我究竟数到了什么样的罗汉，已经记不清了。但是，归元寺的庄严与神秘，给我留下了深刻的印象。

以后的岁月里，我就经常去归元寺了。有时是节假日，有时是陪外地朋友来参观，也有的时候，是亲朋好友生病了，有麻烦了，我便到归元寺，为他们祈福，求菩萨保佑。我为亲友们祈福，并不是受了他们的委托，我甚至永远不会去告诉他们，我到归元寺来求菩萨保佑他们了。我的心中有了他们，惦记了他们，真心地希望他们健康、顺利、吉祥、如意，我就来归元寺了。因为我的心引导了我，我的情引导了我，我的善根引导了我，九九归元，是归元寺在冥冥之中引导了我。

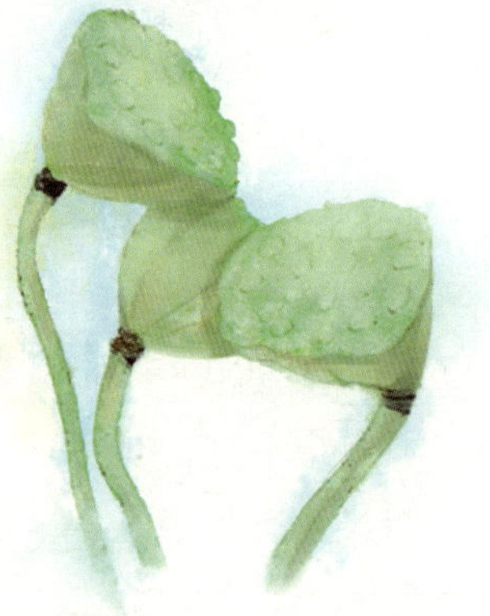

在我的心目中，归元寺不仅仅只是一个旅游景点，也不仅仅是一座普通的寺庙。在它漫长的历史中，它始终与武汉同甘苦，共命运，它是武汉历史中不可分割的一部分，或者说，它是武汉生命中不可缺少的生命，是武汉人最可信赖的精神家园。它的佛光自然是恩泽四方，如同它身边的长江与汉水，养育了中华民族，以及灿烂的中华文明。但是，作为一个武汉人，我仍然感到归元寺有着家一样的亲切感。你的愿望与追求可以向它表达，你的烦恼与痛苦可以向它倾诉，你的心事与隐秘可以向它私语，你的悔恨与罪孽可以向它忏悔。是的，归元寺当然是佛家重镇，但是它敞开胸怀拥抱的，它遍洒甘露恩泽的，不仅仅是佛家弟子，而是普天下的芸芸众生。前来参观者，迹到也。前来祈福者，愿到也。有所敬畏者，人到也。有所顿悟者，心到也。觉悟而欢喜者，缘到也。觉悟而亲切，如归家者，归元到也。

20世纪90年代中期，我大病初愈。出院后，决心“休耕”，静养身心。有朋友信佛，且是昌明大师的俗家弟子，第一次见我，就一愣，说见过见过，你不记得了？我和你五百年前是师兄弟啊。于是相谈甚洽，立即约我去拜见昌明大师。我和昌明大师都是政协委员，在会议上见过，相互微笑致意，便过去了。但在归元寺，向昌明大师面对面地请教，尚属首次。昌明大师仍然那样微笑，幽默，谈文学，谈创作，谈书法，谈佛经，令我有如沐春风之感。临别时，又送水果，又送书。朋友惊讶地说，昌明大师从来没有谈这么长的时间的。我说时间长吗？我怎么没有感觉到呢？归元者，归真也，超生灭之界，还归于真寂本源也。聆听教诲而归真之际，又何有时间之羁绊耶？

如今的归元寺，重新扩建了。农历九月十九日，观音菩萨诞辰，归元寺举办盛大的金秋祈福节。新建的广场彩旗飘舞，梵乐环绕，海众云集，龙天欢喜。我应邀参加，十分高兴。我没有觉得我是客人，也没有觉得我是过客。我再次来到放生池，见到许许多多的龟正聚集在莲花瓣上，仰首晒背。我又想起我十岁的时候来这里放龟的情景。我不知道那只小龟哪里去了，但我相信，池中那只最大的石龟，还有佛家寺院里托碑的石龟，一定就是它变的。而那个十岁的男孩子，又何曾离开过？他的肉身在世上行走，而他的灵魂，则一直在慈航的途中。

【写作提示】怎样写一个游览景点

（一）

怎样写一个游览景点?

很多同学有过到某处游玩后写游记的经历，看上去写游记并不费力，有的同学甚至说，这有什么，不就是把你看到的景物写出来吗？其实事情并没有那么简单，如果那样写的话，就会使文章显得臃肿、肥厚，什么都说了，却走马观花，蜻蜓点水，这样的游记作文，既毫无创新意义可言，又落了俗套。

我们所需要的有阅读价值的游记作文，应该说具备如下特色。

它不是面面俱到，不是平铺直叙，不是烦琐到事无巨细，而是择其重点，细致描绘，详略得当，虚实相生。

这一组散文中的《我与归元》《一个人的解放》就符合上述原则。

先说《我与归元》。

既然文题中有“我”，那么故事中“我”的情感，就应该渗透进“我”的所见所闻中，而且，具体的佛家寺庙的描述，就更应该从“我”的笔端流泻出一种虔敬的味道。由此联想到，我们的写作，也应该有一种宗教般的情感和情怀，做到心无旁骛，凝神静气，全神贯注，气运丹田，专心致志。

只有这样，你才能够遴选出你所认为的最值得一写的一些情感细节。

（二）

作者撰写《我与归元》的时间，应该是成年以后，却为什么从童年时代开始写起呢？如果仅仅撰写彼时彼地，那么就会显现文本的单薄，而通过想象与联想，故事就会生动起来，丰富起来，厚重起来，并且，更为重要的是，文章因此富有了层次感，这个层次感很重要，它能让你的文章远离单薄和简陋，更接近于丰满。

从构思上分析，开篇，作者写了过往的放生经历，这是进入寺院的联想所致，这种联想，有地缘的关系，更重要的是，还有心灵体验的关系。应该关注的是母亲说乌龟在向“我”点头这一细节。这一段富有童趣的话语直接导致了“我”对于自己生命之外的物体的神通之意，以及向往、融合之情，因此也为后文中数罗汉的富有民俗风情的活动奠定了情感基础。

以上两处人对于物（活的动物、静止的物体）的膜拜式情感倾注、层层递进式的情感升华，极大地丰富了文章的情感描绘。这里的情感描绘，不是空口白说，而是抓住“精神家园”这几个字，拓展它的实际内涵，以及它所蕴含着的丰富的情感养分。

关于会见昌明大师，文章用墨不多，却富有深刻的、虔诚的敬畏的意味。这一小段，作者也采用了想象与联想，亦即由此刻的时空，与彼时的时空相互交织，从而达到了虚实相生的效果，回想当年是虚，摹写当下是实，形成强烈的对比效果，及渲染烘托的作用，也就是说，通过两次相见及其细节描写，渲染和烘托了昌明大师在“我”的心目中的崇高地位，以及“我”的心灵可能会变得更加澄澈的终极原因。不仅如此，描写会见场景的文字的层次感也会更加被强化，从而具有了情感的重量、心灵感悟的质量。

（三）

《一个人的解放》也具有上述特色。

按理说，一个公园，有很多值得一写的东西。当然，老师会告诉我们，写你最感兴趣的那一个景点。

但问题来了，哪一个景点更能让我们心有所动呢？

作者并没有刻意描写某一个景点的特别之处，在作者笔下，似乎并没有什么具体的景色，似乎每一个景色都沉淀在作者笔下的字里行间，因此看上去关于景点的描写，并没有什么生动之处。

但是，当你跟着作者的笔触慢慢游走的时候，是不是渐渐地感觉到一种静谧的味道扑面而来呢？是不是有一种身临其境的感觉呢？

本文中，作者以自身的体验和实地观察，以对比手法，营造了不同于另一种地方的氛围和情调，即以中山公园的热闹与人气，对比解放公园的僻静与清爽。

本文中最为让人心动的，是对摄影作品《战争与和平》的点染，作者用这幅摄影作品来点明一种情感，然后以对逝去的生命的祭奠、现实空间的祥和与温馨来烘托渲染生命存在的意义。这幅照片并不是孤立的存在，而是，它的画面语言，拓展了我们对于“解放”两个字的想象空间，以及它的深厚内涵。如果我们抽去这幅摄影作品，那么，文章就会失却厚重感和历史的纵深感，所谓解放公园，就有可能只剩下它的自然景观和没有分量的外壳。

由此可见，当我们构思一个景观时，我们必须充分利用这个景观中的特色及其内涵，以便让文章所涉及的所有景色都氤氲着人文的色彩，而不仅仅停留于自然景观的生硬解读上。

第5堂课

如何写风味小吃

热干面

热干面应该是地道的武汉小吃了。我曾写过一篇《我爱武汉的热干面》，选入我与宏量弟合著的散文集《白壁赋》中，其中记叙了当年我作为知识青年下乡后，将《我爱祖国的蓝天》一歌改词为《我爱武汉的热干面》，热干面遂成为家乡的象征。去年 12 月，我曾参加当年老知青们的聚会，此歌一唱，众友皆和，恍惚中如闻芝麻酱之香味，而皱纹与白发似在香味中消逝，腰围亦在歌声中瘦了几圈。

关于热干面的来历，曾有过有趣的传说。那是在六十多年前，汉口长堤街关帝庙一带，有一姓李的熟食小贩，因其脖上长一肉瘤，人称“李包”。李包所卖，为凉粉与汤面。某年夏日，其收摊回家，面条尚剩不少，他怕面馊，便把面条煮了一下，捞起晾于案板。谁知不小心撞翻了麻油壶，油全泼在面上。李包灵机一动，遂将面与麻油拌匀，第二天一早，将此面在滚汤中烫热，捞起来加上佐料，竟大受欢迎。人问此面名称，李包脱口而出：“热干面！”于是江城独创之小吃，便从李包偶然之失手中诞生。

余生也晚，虽从小在长堤街关帝庙附近长大，惜未逢“李包”。倒是关帝庙前麻子的热干面，给我留下亲切的回忆。麻子的热干面，有精有神，有嚼头，佐料齐全，尤其是芝麻酱货真价实，因而远近闻名。麻子的热干面摊，十几年中几经迁移，而我始终追寻，成为其忠实的食客。60年代，麻子尚在五马路经营，其鬓发已白，仍用我熟悉的黄陂话吆喝:“二两热干！”但声调已苍老矣。此时品味热干面，便能品出许多无法言喻的沧桑。

武汉的热干面馆，最著名的，当数蔡林记了。其馆址在繁华热闹的江汉路，面对着建于1908年的水塔。大半个世纪以来，水塔作为汉口最高建筑，一直是武汉的标志。而蔡林记热干面馆与其巧相对应，用另一种文化显示着武汉独特的风俗。

武汉是全国有名的“火炉”，也许是夏天太热的缘故，连面都要强调一个“热”字。其实武汉自古以来，就有6月三伏天吃热干面的习俗。南北朝宋懔所著之《荆楚岁时记》，曾记有楚人“六月伏日，并作汤饼，名为辟恶”。汤饼，就是现在的面即面条。有人称面粉为“面”，称长条的面即面条为汤饼。看来楚人在最炎热的6月三伏天吃面条，是为了辟除邪恶。武汉人爱吃热干面，也许就是这种辟恶的遗风。

说起伏天吃面，还有一个有趣的故事。据《魏氏春秋》记载，三国时代的美男子何晏，“面绝白”，曹操怀疑他面色白皙，是搽了粉的。于是心生一计，到了6月伏天，传唤何晏来吃“热汤饼”。何晏吃得满头大汗，“取巾拭汗，面色皎然”，曹操才相信何晏并没有在脸上搽粉。

古代用粉搽脸，谓之“傅面”。《说文》曰：“粉，傅面者。”徐锴注曰：“古傅粉亦用米粉。”看来米粉与“面”自古以来就亲切得很，而非今日才和平共处于武汉三镇的每一个熟食摊下。当然，此“面”非单指热干面之“面”，但富有特色的热干面又的确是武汉的脸面也。凡我三镇经营热干面之诸君，莫为了多卖几碗面而丢了武汉的脸面哟。

米粉

武汉的小吃中，最具大众特色的，当数热干面与米粉了。武汉的小吃虽然有二百多个品种，但武汉人每天都要亲热的，却是这“面爹”与“粉娘”。面与米粉在武汉能够贵为“爹娘”，并平分秋色，实在是因为武汉居华夏之中，为南北饮食文化交融之处的缘故。南人吃米，北人吃面。南方诸省，米粉均为大众小吃，湖南的牛肉米粉，云南的过桥米线，广东的炒河粉，均各具特色，形成南方的“米粉文化”。虽然米粉遍及中国之南，但自古以来，正史与野史却鲜有记载，而面的记载，则比比皆是，上可溯到《周礼》，下可读到当代民俗学家邓云乡先生的《燕山面赋》。《唐书·后妃传》中记载玄宗皇后王氏“斗面为生日汤饼”，宋代吴自牧的《梦粱录》中则录有“鸡丝面”“三鲜面”“捲鱼面”“虾臊面”等名称；晋人束皙更作《饼赋》——古人称面为“饼”，由衷地赞美能在“玄冬猛寒”之际“充虚解战”的热汤面。面之美名，可谓代代相传，一部中国历史，仿佛是面饼喂养大的。而南方的米粉，几千年来远离北方之王都，虽养育了半个中国，却名不见经卷，令我等爱吃米粉的南蛮，莫不想舞文弄墨，替洁白温柔的米粉打抱不平也！

武汉的米粉，集南方诸省米粉之大成，却又独具汉味。清道光庚戌年的《汉口竹枝词》，便有汉口人过早吃米粉的记载：“三天过早异平常，一顿粮餐饭可忘，切面豆丝干线粉，鱼餐圆子滚鸡汤。”武汉的米粉，品种繁多，用料讲究，制作精细。有宽米粉，也有细米粉。有清汤粉，也有糊汤粉，热干粉。有牛肉汤粉，也有牛肉炒粉。荤素自选，丰俭由人。武汉最著名的米粉馆，当为福庆和的汤粉与田恒房的糊汤粉。福庆和以辣为特色，其牛肉米粉脍炙人口，享誉三镇。我在长堤街居住时，福庆和是常常去的地方。尤其是在冬天，寒风凛冽，手足欲僵，此时缩进福庆和，买三两牛肉米粉，满满的一大海碗，辣辣的一层红油。往往是粉已捞完，辣汤尚存，欲喝不能，欲罢不忍，而额头鼻尖，已沁汗珠点点，人面桃花，好不快哉！

如果说福庆和的米粉尚为湖南风味，那么田恒房的糊汤粉则是地道的汉味了。其米粉全选籼稻米磨浆制成，用鲜活鲫鱼熬煮成汁，再加水调入生粉制成糊汤，色调素雅，粉白润滑，鱼香汁稠，别有风味。武汉为鱼米之乡，用鱼汁调拌米粉，可不就是鱼米之乡最形象的注解么？这样的糊汤粉自然深受大众欢迎，以至“糊汤”或“糊汤粉”变成了武汉方言中“糊涂”的代称，如同称凤姐为“辣子”一般。

我生性疏懒，不好烹饪，独于炒粉一项，为我之拿手。常于好友相聚之时，乘兴卖弄，与妻的自制八宝饭及凉拌菜肴相抗衡。最忆江西少儿出版社老编辑高蕴生，1987 年夏来汉督我创作《一百个中国孩子的梦》。高先生好酒，尤爱绍兴黄酒，能从早到晚，手不释杯。而佐酒之物，一为盐水煮花生，一为我之炒粉也。离汉返赣之际，天色已晚，而酒兴正浓，

遂带我之炒粉上船。后来信说，其把酒临风，佐炒粉于大江之上，九江已到，粉还没尽，如同孔乙己爱惜茴香豆，多乎哉？不多也。

须臾又是狗年。高先生却已作古。昔日俞伯牙奏高山流水，自有钟子期识之。如今先生已逝，何人再识我炒粉之妙耶？

面窝

面窝其实是应该称为“米窝”的，因为炸面窝的主要原料是大米，而不是面粉。武汉人称这种油炸食品为面窝，我以为是因为其形状“团团如面”的缘故。圆圆的脸儿，还有一个酒窝儿，用武汉话说，灵醒得很呢！

面窝是地道的武汉小吃，而不是“外来妹”。它与热干面、豆皮、牛肉豆丝一起，并称武汉四大名小吃。既是武汉土著，必有传说相随。传说亦不遥远。起至清朝光绪年间。话说汉口汉正街口的集稼嘴码头附近，有一摊贩，名叫昌智仁。昌某确实有“智”，于烧饼生意清淡之际，另辟蹊径，找铁匠打了一个窝状的铁勺，将大米加黄豆用清水浸泡沥出磨成细浆，又在浆中加入葱、姜等佐料，先将芝麻撒在铁窝勺底，然后舀一勺米浆入窝，用勺边从中刮一道勺印，呈空心窝状，放入滚油中烹炸。一面金黄，翻面续炸，即成两面黄、外面酥，里面软、中间脆的面窝。集稼嘴为商品集散之地，车贩走卒，每日水流云涌。而面窝价廉味美，过早方便，于是迅速普及开来。

传说终归传说。但靠炸面窝而名扬三镇的当数武昌户部巷的“谢面窝”。炸面窝为谢氏家传，至本世纪40年代，谢德荣一改祖辈沿街叫卖为固定经营，于户部巷专售面窝。遂远近闻名。谢家面窝用料考究，油为芝麻香油，浆为大米黄豆糯米，如此精心创造，面窝遂姓谢焉。

我读小学时面窝才3分钱一个。那时家中贫寒，每天过早，也就是3分钱，有时5分钱，只够买一个面窝。有一次，见一同学用竹签一次串了5个面窝，仰面大嚼，不禁十分惊异，亦十分羡慕。5个面窝之于我，无异于今日之大腕大款了。呆呆地眼红，然后在心中暗暗发誓，倘若有一天，赚了钱，一定也用竹签串5个面窝，大嚼于闹市之中。

但当我第一次赚到了钱后，我却一个面窝也舍不得买了，那是我在课余时间拖板车赚来的，我要用这钱去买书。

那时我才9岁，正是馋面窝的年龄。

面窝除了用米做原料外，还有“红薯面窝”与“豌豆面窝”。武汉人称红薯为“苕”，因苕实心，不似藕空心，因此又用“苕”来喻“傻”，喻“老实憨厚”。后来词义延伸，“苕面窝”也成为“傻”的借代。作为一种大众食品，面窝又成为物价的晴雨表。如今的面窝，已涨到1.5元一个了。因此幽默的武汉人又创造了一句口语：“你还以为面窝三分钱一个哟？”

面窝的价钱胖了，可是面窝本身却瘦了。当然，随之而瘦的，还有经营者的良心，以及比小吃香味儿更重要的人情味儿。

豆丝

豆丝是武汉的特产小吃。它的普及率，是仅次于热干面与米粉的，也许是因为它的制作，要比面与米粉复杂一些的缘故。豆丝的主要原料，其实是米，然后是绿豆。米一惯是很谦虚的，从稻谷时期起，就沉甸甸地垂着头呢，因此就让豆丝姓了“豆”。

武汉附近的郊县农村，春节前都有摊豆丝的习俗，当然还要揣糍粑、熬糖。25 年前，我下放到汉阳县当知青时，就亲手摊过豆丝。我至今还忘不了年前的冬夜，因为下过雨，或下过雪，村里一片泥泞。天黑得很早，屋脊与夜色融为一体，于是一方方金色的窗口在浓黑的映衬下显得格外的明亮。从这些窗口里，传来嘎吱嘎吱的推磨声，以及炒热豆丝的大蒜香味儿。米和绿豆磨成了浆，再将油锅烧得辣辣的，舀一勺浆往锅里一旋，一张豆皮就吱溜吱溜地揭了起来。然后将豆皮叠折，用刀切成手指宽的“丝”。常常就有人循香而来，或是咯咯的木屐声，或是胶鞋踩在泥泞中的呱叽声，在窗口笑喊：“恭喜恭喜！”主人便吆喝住狗，开门迎客，主妇便飞快地切大蒜，用香油将刚起锅的豆丝再配以大蒜或瘦肉干炒，于是一盘香喷喷的炒豆丝便驱散了冬夜的阴冷与严寒。

武汉市最早的市民，当是郊县的农民。于是豆丝自然成为武汉的特产小吃。

豆丝可炒，可煮，但最负盛名的，是武昌的“老谦记”的干炒牛肉豆丝。之所以用牛肉是因为其店主冯谦伯原是清末新军的士兵，有一老行伍，曾随左宗棠到达新疆，从维族人手里学到烹饪牛肉的手艺，遂传于冯谦伯。民国后，冯在武昌青龙巷开设牛肉馆，便用牛肉来炒豆丝。武汉人吃惯了大蒜素炒豆丝或汤豆丝，而老谦记的豆丝除配以牛肉外，还配以水发香菇、玉兰片等，风味独特、香脆可口，于是誉满江城。

武汉的小吃，一向用料讲究。正宗的豆丝，要用青山产的黄米粘，武昌产的绿豆。牛肉呢，当然是黄牛的梅子肉为佳，与丁香、桂皮、八角一起，用砂铫置旺火上煨，熟至六成，再小火续煨，熟烂后捞出切成片，再用牛肉汤烧煮成牛肉臊子。这样又可以做成牛肉汤豆丝。还有的餐馆，用肥肠做臊子，也别有风味。肥肠煨得糯烂，适合于牙齿过于温柔的爹爹婆婆们吃。

我个人的爱好，则喜欢吃牛肉糊汤豆丝，以及热干豆丝。不用臊子，像下热干面那样，用芝麻酱干拌，一个上午，连打嗝都是芝麻香。今年正月初八，我与妻又回到阔别20年的第二故乡。肉且慢，鱼且慢，首先点着要腊肉煮豆丝解解馋。一碗下肚，胡子花白的老董又变成当年的知青小董。小吃虽小，却能返老还童。对于思乡的游子，豆丝正可称为“豆思”呢。

【写作提示】你的文章有层次感吗

（一）

介绍小吃的文章，也就是写“吃”的文章，应该注意如下三点：一是，描写过程的细腻性。尽管我们要求对小吃的制作过程不必那么琐屑，但一定要找准你所要描写的对象的角度，即读者所希望关注的精彩的细部；二是当代小吃所形成的原因，它的历史渊源，这些最好以故事的形式来展现；三是从不同侧面引用行之有效的史料，来佐证某一种小吃受欢迎的程度及原因。

阅读这一组文章之后，我们来筛选一下作者在这几篇文章中都涉猎了、旁征博引了哪些文献或者说民俗史料，以便有力地支撑他所赞扬的那些深受百姓欢迎的小吃及其特色。

所谓支撑，是说可以从多个侧面来展示小吃的优势以及它的深受欢迎的原因，这就像你刻画一个人物，你必须从不同的角度，来描绘他的生动的细节以及细部特征，这样才能令人信服，让人久久难忘。

作者写小吃，实际上是写人；作者引用了多种史料、多层历史，于是文章就有了层次感，就拓展了读者想象的空间。

（二）

第一篇，对于《热干面》的由来，它的成因，读者们一般耳有所闻，作者将这个故事糅合进文章当中，于是提升了热干面由来的可信度，其故事的生动性，也在很大程度上成为本文的优势之所在。但是这样显然还不够，因为这样的故事已为众所周知，是一种共性之所在，要想写出这种小吃的个性来，还是离不开对人的描写，以及人物在当代社会中所具有的特殊性、不可复制性。所以就有了承接“李包”故事特色的个性描写，所谓“麻子热干面”的个性化描写，给读者留下深刻印象的，不仅仅是他的热干面，更重要的是他的绰号、他的斑白的鬓发、他的地道的黄陂话。

《魏氏春秋》和《说文》的出现，增强了热干面的史料价值，并增加了文章的理趣和情趣，当这些具有故事形态的史料与文章开篇遥相呼应时，当我们随着呼应的声音回望文章前后密匝匝却显得富有节奏的“针脚”时，我们发现，文章整体的趣味性便从那些看上去并不起眼的字里行间跳荡起来，氤氲成热干面的味道，让你的口舌，沉醉于想象的空间。

如果说这一组散文中每一篇均有精彩的细节及精彩的故事，那么，这些细节与故事实际上都远远超越了小吃本身所拥有的价值，正是因为这些小吃拥有故事性、史料性，那些精美的制作工艺，便被顺理成章地融合进了故事与史料所构成的沧桑的历史空间，而成为一段具有生命价值的记忆，而为百姓所牢记。尽管故事与史料的内涵在百姓的脑海中逐步被消解，但它所走过的沧桑之路，却承载了故事与史料的精美的情趣。

（三）

《米粉》一文的丰富性在于，一是大量引用史料，每一种史料无不与现如今的米粉口舌之美密切相关，并成为它的不可多得的推手。二是先写米粉制作的丰富性与多样化，其结果是能以其色香味浓重的特色融会于百姓的早点之首选，所谓清汤粉、牛肉米粉、糊汤粉、热干粉等，不一而足，所谓福庆和、田恒房等，风格各异。湖南与湖北，滋味相交；“糊汤”与“糊涂”，谐音戏谑。最后描写作者朋友高蕴生先生，让读者感怀，此公虽已仙逝，却被作者写得生动鲜活，如在目前，“把酒临风，佐炒粉于大江之上，浩浩乎如冯虚御风而不知其所止，飘飘忽如遗世独立羽化而登仙”，但更为重要的，是以高先生之爱粉爱酒的醉态，侧面烘托了米粉味道的鲜美。细节虽小，其写作技巧的价值不可忽略。

《面窝》一文，稍有点说明文的味道，也就是叙述其制作工艺过程，但更多的，却是将武汉本土的俗语、俚语、谐语贯穿其间，用以烘托面窝的精美与爽口。至于描写“谢面窝”的特色，以及“我”少年时代与面窝的生死情怀，则是以生命的艰辛来衬托面窝的可爱。

此文看上去有点散状，却是“形散神不散”，也就是说，看上去作者写了诸多事例，似乎跑得很远，但文章内在的灵魂，即神，却由作者驾驭有方，每一个“形”，都在行走的过程中默默地为“神”服务，并且不动声色。

第6堂课

如何写美丽的大自然

石 松

绿色植物向陆地的进军是坚韧而漫长的。它们从海洋走向海滩，走向沼泽，走向由于没有绿色植物覆盖而变软的裸露的岩石，走向洪水泛滥而形成的冲积平原。在骄阳的酷晒中，在风沙的吹打中，在严寒的袭击中，许许多多已经登陆上岸并且深入陆地纵深的先锋植物默默地消失了，但是也有许多许多的植物不断地适应陆地的生存环境，不断地进化，开始具有了真正的根真正的茎和真正的叶。

在莽莽的森林里，我们可以看到一种生长在岩石上的石松，它们是那样微小，而且和岩石上的苔藓生长在一起，因此常常被人当作了苔藓。它们虽然同苔藓一样也是孢子植物，却属于有了根、茎、叶等器官分化的蕨类植物。它们具有松树一样的针叶，倘若从绿绒绒的石松丛中扯下一丝平摊在手心仔细地观察，你会发现你的手心上长出了一片郁郁葱葱的松林。

这些默默生长在现代森林的草木层甚至岩石上的蕨类植物，却是植物进化史中不可忽视、不可缺少的重要梯队；而且，远在几亿年前，它们曾经第一次在陆地上形成了森林。

绿色植物登陆进军的历程是极其漫长而艰辛的，但是一旦它们在陆地上站稳了脚跟获得了繁殖和繁茂生长的自由，它们便不满足于匍匐在地上了。它们渴望在更广阔的空间展示自己的理想与抱负，渴望用绿色的手臂去拥抱大地、拥抱蓝天，以及生命中不可缺少的阳光。

于是它们像绿色的潮水一样呼啦啦地在地球上漫延开来，并且以各种形式自由而繁茂地生长。许多蕨类终于长成了高大的大树，和其他植物一起，形成了地球史上的石炭纪森林。

在石炭纪的森林里蔚为大观的是现在微不足道的蕨类植物。如今像苔藓一样生长在岩石上的微小的石松，那时却是参天的大树，高度可达 40 米，在地球上最早形成最古老的森林中，它们的青春与生命曾经是那样壮丽辉煌。正是由于它们的茂密而茁壮的成长，正是由于它们怀着向更高的空间发展的渴望与理想，森林才第一次赖以形成，地球才迎来第一个森林覆盖的春天。

是的，过去曾经高达 40 米，形成森林主体的石松，如今已经变得小如苔藓了。而现在成为森林主体的高大乔木即种子植物，那时也曾经微不足道地生长在石松的脚下。但是石松默默无语。无论是扮演高大的主角还是甘

当最不显眼的配角，它都如同它的名字一样，像岩石一样坚韧，像松树一样不畏严寒，四季常青，具有顽强的生命力。在植物进化的漫长的历史上，有多少植物包括曾经高大的植物遭到了淘汰和灭绝呢？而石松却以不同的形式顽强地生存下来，而且从不离开森林。它的高大是为了森林，它的矮小同样是为了森林，它是为了森林而生存的啊！

竞技场上没有永远的金牌得主。战场上没有永远的常胜将军。一个运动员一辈子只要创造一项世界纪录也就无愧于人生了；生命只要有过一次辉煌也就无愧于这个世界。

石松曾经有过那样的壮丽辉煌。石松无愧于生命，无愧于森林，无愧于这个广漠的世界。

花　果

森林的故事中最为迷人最使人陶醉的，是有关花的故事了。

五颜六色千姿百态绚丽夺目的鲜花，开放在青青的草丛中，开放在绿色的林墙上，开放在浓荫密布的溪沟旁和池塘里，开放在险峻的悬崖上和幽深的山谷中。草本植物开花。木本植物开花。高大的耸入云天的乔木也开花。从地面到天空，色彩斑斓的千千万万朵鲜花，将立体的森林装扮成花团锦簇的童话世界。

美丽而鲜艳的花朵不仅仅属于春天。在林冠郁闭浓绿欲滴的夏季，在叶片金黄火红果实累累的秋季，甚至在白雪覆盖寒风怒号的冬季，森林里永远是鲜花次第开放的美丽世界。而且所有的花儿每年开花的时间表也是极其准确的，有时准确到了不可思议的地步。野樱桃花和迎春花开放在三月，云锦杜鹃以及如火如荼的映山红开放在四月；美丽洁白的珙桐花像在五月展翅欲飞，小巧的鸭跖草花像蓝色的蝴蝶，在七月翩翩起舞……

五彩缤纷的鲜花使森林更加富有迷人的魅力，更加充满蓬勃的生机。开花的植物不仅改造了古老的森林，而且创造了现代森林。开花植物即被子植物的出现不仅仅是植物进化史上的又一场翻天覆地的伟大革命，而且在人类进化史的伟大史诗中，它是最为辉煌绚丽的篇章。

没有花，就没有现代森林，就没有今天如此多姿多彩的世界。

没有花的世界是一个色彩单调的世界。在泥盆纪中期，虽然植物已经取得了从海上登陆的伟大胜利，但在泥盆纪的地球上，活着的植物除了绿色仍然是绿色，没有花朵编织的锦绣，也没有鸟兽奏响的琴弦。从那时起一直到以裸子植物为主构成地球上又一片片森林的中生代，一片单调的绿色仍然统治着这个世界。没有“一枝红杏出墙来”的春花，也没有“清水出芙蓉，天然去雕饰”的夏荷；没有“开从霜后越精神”的秋菊，也没有“疏影横斜水清浅，暗香浮动月黄昏”的冬梅。

是的，比起蕨类植物来，裸子植物的出现又一次使植物更加适应陆地上多变的气候，从而又一次地在石炭纪森林的废墟上燃起了一片一片四季不变的新绿，每一粒裸露的种子都是一粒点燃这个地球的火种。在裸子植物上，生长胚珠（其中产生卵子）的球果和生长花粉（其中产生精子）的球果是有严格区别的，要使花粉传到胚珠表面从而使精子与卵子相结合，唯一依靠的只有风力。但是风不仅仅是传播花粉的“红娘”，或者说，风根本就无心充当传播花粉的“红娘”。在它繁忙的工作中，这种“红娘”的角色只是客串。这样一来，花粉和胚珠就无可奈何就有情难诉有苦难言了。当花粉急需传播的时候，风儿却不见踪影或者垂下翅膀栖息在山谷和海湾里去了。而当花粉尚不是最佳传播期的时候，或者即使是花粉急需传播的时候，风儿却来了，但它却呼呼地任性地吹，将花粉吹得漫天都是。有的花粉幸运地落到了胚珠上，但是更多的花粉却在风儿的任性游戏中失去了孕育种子的良机。

四季常青的裸子植物虽然战胜了严寒，却制服不了桀骜不驯的风。它繁殖后代的命运仍然掌握在喜怒无常的风儿手里，这不能不说是裸子植物的悲哀。

也许是一次极其偶然的邂逅（但绝不是上帝的创造），一只不知名的昆虫也许是甲虫飞到了雄球果上，而另一只甲虫飞到了雌球果上。它们不约而同地发现了雄球果上的花粉和雌球果上的胚珠所分泌出来的露滴。噢，这花粉和露滴既芳香又甜蜜，是可口的美味佳肴呢！它们兴奋地相互呼唤了，它们兴奋地将自己的发现告诉对方了（这种偶然的发现是不亚于哥伦布发现新大陆的）。于是它们又相互交换了“餐厅”，于是它们完全是偶然地将花粉带到了胚珠上，一下就完成了乞求风力来完成的传粉任务。

现在我们已经不可能考证出究竟是哪一种昆虫哪一种甲虫在偶然中完成了这项伟大的事业。但是，我们可以肯定的是，一种新的思维方式闪电般地照亮了裸子植物传播花粉的道路。它们感到了一种惊喜，同时也怀着一种期待：那种甲虫明天还会来吗？

在这种历史性的惊喜与期待中，花粉与胚珠也同时在苦苦地思索，应该怎样主动地吸引昆虫来传播花粉，同时又防止昆虫将胚珠吃掉呢？成功的道路只有一条，那就是既不断地分泌露滴生产花蜜引诱昆虫，同时又产生一种保护胚珠不被昆虫吃掉的组织结构。

于是又一场伟大而艰辛的革命实践开始了。就像藻类当年为了登陆锲而不舍地向海滩冲锋一样，无数的花粉和胚珠在这场革命实践中作出了巨大的牺牲。不断地探索，不断地总结经验，不断地向着伟大的目标一步一步地迈进。这样一种长期的天然选择，该蕴含着多少失败，多少曲折，多少得而复失的痛苦，多少失而复得的欢欣呢？

于是我不禁想起了冰心的一首诗：

成功的花，
人们只惊慕她现时的明艳！
然而当初她的芽儿，
浸透了奋斗的泪泉，
洒遍了牺牲的血雨。

正是这“奋斗的泪泉”与“牺牲的血雨”，孕育了世界上第一朵鲜花。它那艳丽的色彩在万绿丛中，无异于一面鲜艳的旗帜，将蜜蜂、蝴蝶以及蜂鸟召唤到它的旗帜之下，并赠之以香甜的花蜜。于是这些快乐的蜂儿蝶儿又将花粉携带到一个个胚珠上，一次就使好几个胚珠同时受精。而胚珠则产生了一种保护自己的外衣，将种子柔柔地包裹起来。由于这柔柔的外衣仿佛一床柔柔的棉被，因此，世界上便出现了比裸子植物更进化的“被子植物”。

种子以及包裹它的“棉被”，我们称之为“果”。

花与果的出现，被子植物的出现，不仅仅使地球变成了一个“彩球”，而且使地球成为茫茫宇宙中迄今为止尚是唯一产生“人”这种高等动物的星球。从古代猿人到现代智人，被子植物以它们的花与果养育了人类，养育了有文字记载以来的历史，养育了这个风云变幻的世界。水稻、小麦、棉花、油菜、玉米、高粱、大豆以及茶、桑、麻；苹果、梨、香蕉、桃、杏、菠萝以及西瓜、草莓；西红柿、白菜、黄瓜以及烟叶、橄榄和槟榔……人类所需要的食物都是取之于开花植物也是被子植物的啊！尽管关于有花植物的产生，古植物学家们有着许多争论，但是我们仍然要感谢那第一只偶然携带花粉的昆虫，感谢那第一朵勇敢开放的鲜花。没有这些植物和动物，也就没有今天的人类社会。

于是我们也深刻地理解了：人只是地球上的生命链中的一个环节。人类的生存离不开一个生命之网。一个物种的灭绝，一个生物群落的破坏，都会使这个生命之网遭到破坏。这个生命之网养育了人类，而人类予以回报的，难道竟是野蛮的、无休止的砍伐与猎取吗？

花的产生使这个星球充满了温馨的爱。不论是东半球还是西半球，都不约而同地将鲜花比作美丽的姑娘，视为友谊与爱情的象征。

西半球的许多诗人钟情于红色的玫瑰。匈牙利的著名诗人裴多菲就咏叹道：“你的红红的脸，是春天的玫瑰。”而英国的著名诗人彭斯，15 岁时在打麦场上与一个少女相遇，友谊与爱情从此撞开了诗人灵感的泉眼，他写了名篇《一朵红红的玫瑰》。

德国的伟大诗人歌德，是多么喜爱花啊：

摇曳的吊钟花
像雪一样白
番红花开得
如火如荼
还有的像血
还有的像绿玉
樱草好奇地
得意洋洋
淘气的紫罗兰
故意在躲藏……

被称为“湖畔派诗人”的华兹华斯，则陶醉在这样一幅迷人的风景之中：

一大群黄色的水仙
依傍着湖
长在树底
微风中颤动起舞……

同样是红色的花，中国的诗人则喜爱粉红的桃花。从《诗经》的“桃花灼灼”开始，有多少诗人歌唱了春天的桃花啊：“人面桃花相映红”“桃花流水鳜鱼肥”“山桃红花满上头，蜀江春水拍山流”……

而白色的花，也使诗人们产生了清泉一般的柔情：

最是那一低头的温柔

像一朵水莲花不胜凉风的娇羞

（徐志摩：《沙扬娜拉》）

我希望逢着
一个丁香一样地
结着愁怨的姑娘

（戴望舒：《雨巷》）

但是中国的诗人们除了将花儿比作姑娘，视为爱情外，更多的还将花儿视为人品、人格的象征，视为奋斗的人生写照。出淤泥而不染、亭亭玉立的莲花，甘于寂寞、从不争名逐利的深谷幽兰，特别是不畏风霜、不畏冰雪的秋菊和冬梅，千百年来一直被中国人歌唱、赞颂。而在大森林一年四季开不败的花海中，我偏爱的是一位伟人的《卜算子·咏梅》，这首词应该视为对世界上所有开花植物的礼赞：

风雨送春归，
飞雪迎春到。
已是悬崖百丈冰，
犹有花枝俏。

俏也不争春，
只把春来报。
待到山花烂漫时，
她在丛中笑。

蘑　菇

它们默默地生长在大森林里，生长在长满地衣的大树基部，生长在腐朽的倒木和潮湿的乱叶中。这些森林里的蘑菇，这些美丽如天使，娇嫩如婴儿般的蘑菇，是森林交响曲中一组活泼而神秘的音符。在伴随着摇篮曲的童话中，在老奶奶讲的民间故事里，蘑菇常常与挽着小竹篮到森林里采蘑菇的小姑娘，以及用毒菌施行巫术迷惑人的巫婆联系在一起。这是因为这些鲜艳如同花朵般的蘑菇，有的是鲜美的食品，有的则含有不同种类的毒素，于是无毒的蘑菇便成为天真活泼的小姑娘，而那些毒素当然就是阴险毒辣的巫婆了。

小姑娘也罢，巫婆也罢，这些形象都是人类自身利益的衍生物，而森林里的蘑菇却不是为了人类的利益而生存的。这些无毒和有毒的小生命，是森林中不可缺少的基本成分。在森林的三种基本成分中，乔木、灌木、草本植物、苔藓、地衣等绿色植物是“生产者”；鸟、兽、昆虫等是“消费者”；而蘑菇和其他的真菌、细菌，以及蚯蚓、白蚁、食枯木的甲虫等原生动物和腐食性动物，则是“分解者”。它们把森林中复杂的动物有机残体分解为无机物质，归还给森林，成为森林成长的养料。因此，在森林的物质循环和能量流动中，它们起着无与伦比的作用。

如同所有的真菌一样，蘑菇体中是没有叶绿素的。因此它无法进行光合作用，这也就意味着蘑菇本身没有制造养分的机能，因此，它必须直接或间接地从其他植物身上取得养分。大多数蘑菇是繁殖在已经死亡腐朽的植物上的。一株树木轰然倒下了，一片落叶悄然飘落了，它们走完了生命的一段里程，而蘑菇则如同天堂里的小天使，来帮助它们完成生命的再次循环。蘑菇将这些死亡植物分解成氨基酸和糖等简单的化学物质，除了一小部分用于蘑菇本身的生长外，其余的则通过腐朽而被释放，成为绿色植物生长的养料。

这些森林中的蘑菇，这些默默无闻化腐朽为神奇的分解者，它们的生命是那样地短暂。寿命最长的不过十余天，寿命短的则只能活一两天，鬼伞菌类的菌体从形成到溶化仅仅只有几个小时。这些美丽鲜艳的林中之花，它们的整个生命都献给了森林，它们是森林中默默无闻的英雄。倘若没有它们，没有这些可敬的分解者，森林便会成为动植物的垃圾场和坟场，最终被窒息死亡。

我曾经到雨后的森林中去采过蘑菇。在潮湿而清新的林地上，五颜六色的蘑菇如同绚丽璀璨的珍珠宝石散布在绿绒绒的地毯上。这些可爱的小生命，有的擎着红色的小雨伞，有的戴着黄色的小斗笠，有的如同一把娟秀的折扇，有的如同一把精致的喇叭……古往今来，有多少人歌颂过蜜蜂啊！这些传播花粉酿造蜜糖的小生灵，的确是催促新生的小天使；可是有谁歌颂过用自己短暂的生命全部用来化死亡为新生、化腐朽为神奇的蘑菇呢？在人类功利而实用的视野里，蘑菇要么是一种鲜美的食品，要么是一种可怕的毒物。当人类用巫婆的形象来咒毒蘑菇时，恰恰忘记了这些毒蘑菇是对树木的生长发育有益的。对于森林来说，“毒蘑菇”恰恰是有益的功臣。它们背着“毒菌”的冤名，在分解死亡腐朽的植物时，将毒素留给了自己，却将氨基酸和糖献给了森林。

在莽莽的大森林里，毒素最大的不是那些幼小的蘑菇，而是那些虽然直立起来却用尖利的牙齿去破坏森林残害其他生命的称为“人”的动物。

【写作提示】如何把抽象的事物写得形象

（一）

在这一组散文中，最值得一说的，我感觉是《花果》一文。

《花果》，题目看似简单，其内容却富含多个层次，文章涉及地质学、生物学、遗传学等多个学科，但作者并没有将这样的科学阐述抽象化，而是在整体上以形象化的描写方式呈现给读者，使读者在阅读过程中尽可能地展开想象，拓展思维空间。

作者的笔力首先进入并紧紧抓住的，是我们司空见惯的花儿，作者并没有将自己的视角聚焦在花儿如何绚烂多姿的形象化描写上面，这样的描写一旦形成铺陈的态势，就会使文章陷入表层化，就很难使文章富有深度和厚度。

文章开篇，作者描摹了在大自然当中花儿以怎样的形态开放，它的画面感是如何影响了读者的审美观照，并用“童话般的世界”来界定花儿的美丽程度。这一段铺陈为后文中对花果的详细描写做了坚实铺垫，使我们进入花的世界时，有一种深切的代入感，深刻的现场感。

接下来作者关注花事的时间规律，用形象化的语言表达方式，传达不同的花儿遭遇不同岁月的生物闹钟的准确安排，这样的表达方式别具一格。此处作者分别采用“展翅欲飞”“翩翩起舞”等动感词语，来呈现开放的花儿是如何引发我们绚丽的想象。

看来，“乱花渐欲迷人眼”确实是勾人魂魄，但作者此刻所要表达的，却是随着对花儿的描画，不仅展现出一幅绚烂多姿的图景，更强调并反衬了无花世界的荒凉与无趣。在这里首先涉及了有关地质学中“泥盆纪”中期的植物革命，将亿万年前单一的色彩，用“一枝红杏出墙来”等诗句来反衬春花、夏荷、秋菊、冬梅的有无，由此拓展读者想象的空间，让读者清晰地、深刻地意识到，那样一种单一色调的画面尽管已成历史尘埃，却让我们对大自然的整体进化具有了革命性的认识。

（二）

上述文字是对于花儿的历史形成的解读，紧接着，作者巧选类比，进入对“裸子植物”的生物遗传学描述，这一段，我们看中的，是作者对风的拟人化描写。作者并没有仅仅停留在静止的拟人形态，而是由风的切入，展开故事，使风的生命承载了红娘的“角色”，于是就有了故事的味道，就使“红娘”的“穿针引线”增添了情趣感。这一部分文字，因为具有了形象化、故事性的特色，因此在阅读瞬间就形成了壮美的空间感，并被赋予了我们人类所独有的情感效应、情感选择效应、情感失落效应。但不管怎样，不管谁遭遇了选择的获得与失落，我们作为读者，获得的却是神圣的、叠印在脑海里的、印象深刻的既通俗易懂，又富有阅读价值的生物遗传学样本。

接下来作者对花粉的传播方式的描写更具故事效应，不仅有趣味性，并且增强了思维的拓展性，这对于我们储存花粉的传播过程的形象记忆大有裨益。

此处，作者运用拟人修辞，贯穿此段始终，使我们关注到的，是人化的，乃至具有人类思维方式的情感选择方式，似乎摒弃了那些偶然，那些不期而遇，而是有预谋、有思考方式及选择方式的情感互动。

例如，不同的昆虫栖息在不同性别的球果上，“吮吸分泌出来的露滴”，由于它们之间有一种天然形成的情感纽带，而实现了情感呼唤，然后以共享的方式交换餐厅，又以偶然的方式代替了传粉的任务。这与其说是一场情感邂逅，不如说是大自然的“天造地设”，它们实在是听从了大自然的召唤，听从了遗传学中“自由组合”规律的召唤。在作者笔下，这种召唤是必须用形象化的语言才能呈现的，因为，作者毕竟不是遗传学家，而是讲故事的艺术家，只有借助艺术之手，才能传达出生命在遗传过程中的自在与自得，以及它们的情感选择。

（三）

此刻我们来遴选一下作者所用词语，看看作者是怎样聚焦了形象化语言来揭示大自然的进化过程，特别是无数的花粉和胚珠的智慧与献身精神。

“在这种历史性的惊喜与期待中，花粉与胚珠也同时在苦苦地思索，应该怎样主动地吸引昆虫来传播花粉，同时又防止昆虫将胚珠吃掉呢？”——拟人化修辞方式，活化了花粉与胚珠的思想境界与深刻的哲学思维。

“我们仍然要感谢那第一只偶然携带花粉的昆虫，感谢那第一朵勇敢开放的鲜花。没有这些植物和动物，也就没有今天的人类社会。”——作者的感言，实在是一种代表了人类最高利益的、超越了一切情感的对生物进化的科学解读，并且在很大程度上呼应了前文对于那些看似弱小的生命的高尚的情感选择以及在花粉传播过程中所做出的巨大贡献。

在这个基础上，后半部分所引用的名人诗篇，就有了各自的情感归宿，也就是说，如果单方面地认为花儿的开放是自然的选择，那么，从艺术的角度观照，这种解读还是有其偏颇性，而只有沉浸在对于花儿的情感解读空间，我们对于花儿的艺术化认知才能具有一定意义上的拓展性和情感的挖掘意义。

（四）

在英国诗人彭斯的视线里，少女如诗，如歌，如红红的玫瑰。

德国诗人歌德笔下的紫罗兰，花儿淘气的方式是故意躲藏，故意和你捉迷藏。

在中国诗人戴望舒的眼里，丁香却具有了愁怨，一如美丽的少女。

于是，文章开篇所谓生物的进化与遗传，经过作者层层递进式的、生物学与遗传学的形象化解读，将深奥的专业知识生活化和趣味化，而深化为装点大自然的美丽图景，而成为自然界里的情感纽带，所呈现给读者的是象征人类奋斗史的、天人合一般的生命进化的历史踪迹，从而达到了愉悦心情、开阔视野、赏心悦目的目的。

第7堂课

如何写游记

骑着马儿找草原

一个生长在长江边的男孩子，从小就向往着美丽的草原。对于我来说，对于我们这一代人来说，草原几乎就是一个梦，一个在高亢悠扬的《牧歌》中的辽阔无边的梦。如果说，现在的孩子，是在当下的流行歌曲中长大的，他们的童年记忆，是和港台歌星联系在一起的，那么，我们这一代人的童年记忆，则是和草原的诗与歌联系在一起的。“天苍苍，野茫茫，风吹草低见牛羊。”“蓝蓝的天上白云飘，白云下面马儿跑。”“羊群好像是斑斑的白云，撒在草原上，多么爱煞人。”“美丽的夜色多沉静，草原上只留下我的琴声。想给远方的姑娘写封信，可惜没有邮递员来传情。”……在这么多的诗与歌中，草原被诗化了，歌化了，梦幻化了，而对于一个男孩子来说，草原则是雄性的象征，奔驰的骏马，勇敢的赛马，粗犷的蒙古长调，深沉的马头琴声，豪放自由的一醉方休，都将男性的魅力发挥到一种极致，一种质朴而诗意的境界。美丽的草原，就这样诗意地沉淀在我的梦幻中，如同陈年的美酒，一窖藏就是几十年。

一晃眼，人到中年了。高唱《颂歌》的胡松华，也被粗犷的、摇滚的腾格尔取代了。但是，草原之歌仍然没有改变诗意的内核，相反，被沙哑的激情的腾格尔，唱成了质朴的美丽的《天堂》。而我，则带领着一群热爱文学、热爱草原的孩子，在草原最美的夏季，直奔天堂而去了。

我们到达希拉穆仁草原时，已是下午了。希拉穆仁草原，也称乌兰图格草原，别称小草原，海拔 1700 米，坐落在乌兰察布草原中部，距呼和浩特只有 81 公里。这里是内蒙古最早开辟的草原旅游点，所有的导游词都告诉我们说："草原的夏秋，香花遍野，芳草依依，迷人的美景使人心旷神怡。"可是，当我和孩子们雀跃着奔向草原时，却惊讶地发现，展现在我们眼前的，哪里是"草"原呢？分明只是草色难觅的辽阔的丘陵了。就在我们的脚下，马粪倒是随处可见，就是见不到草，或者说，见不到我们想象中那样茂盛的草。在严重沙化的大地上，稀稀拉拉的，只见一团团矮小的匍匐在地皮上的灰蒙蒙的小草。说实话，连武汉路边的野草也不如。

我们极度失望了。虽然我们也骑马了，观看了赛马和蒙古风情的歌舞了，可是，就像德德玛的一首歌的歌名一样，我反复地叩问大地：《草原在哪里》？草原在哪里呢？

蒙古族的朋友告诉我，20 年前，这里还是水丰草美的地方。但是，由于过度放牧，持续的干旱，这里的草原已经严重退化了，沙化了。如果还想看看草原，就骑着马去寻找吧。

于是，就和朋友们骑了马，朝传说有草的“天鹅湖”走去。

蒙古朋友见我一脸大胡子，以为我也是蒙古人，便朝马抽了一鞭，那马猛地“奔驰”起来。我猝不及防，只能下意识地拉紧缰绳。只听耳边风声呼呼，我的心脏几乎停止了跳动。一旁的蒙古骑手看出了我的危险，也骑了马，狂奔到我身边，大声指挥我拉缰绳。可我只能瞎拉了，没想到一拉，那马竟然扬起了前蹄。远处的孩子们，还以为我在表演马技，一齐喝起彩来。幸亏骑手迅速赶到，保护我下了马。因此，现在去寻找草地，只能是放马行走，或者是小跑了。就这么走走跑跑了一个小时，到了“天鹅湖”边，算是见到了草甸子，见到了绿色的草原，以及散布在草原上的牛群和几匹马。夕阳西下，草原的晚霞格外地绚丽迷人，可是我的心在哭泣。到了草原，还要骑马去寻找草地，我的天堂，是这样的吗？

也许是我对草原的热爱感动了上苍，今年的夏天，真的给了我一个花海般的草原。

从成都去甘孜州的塔公草原，首先要翻越海拔 4500 米以上的巴朗山，然后，经过神圣的四姑娘山，穿越中国大熊猫的家乡卧龙保护区，直奔通往康定的川藏线。“塔公”，藏语意为“菩萨喜欢的地方”。那里著名的塔公寺，是藏传佛教萨迦派著名的寺庙之一，有“小大昭寺”之称，是康巴地区藏民朝圣地之一。就在公路上，我们见到了两个藏族青年男子，五体投地，手套木板，正向塔公寺朝圣而去。

还没到塔公草原，我就被公路两旁山坡上五彩斑斓的野花迷住了。导游笑着说，还是到草原去拍照吧，那里是一片花海呢。

就这么盼望着，翘望着，终于，看见金碧辉煌的塔公寺了，看见了塔公寺对面的山上，由无数面经幡组成的一个个的三角形幡阵。而在塔公寺的周围，便是鲜花盛开的草原。花色多为蓝、白、金、黄，尤以金黄为最，如同江南的油菜花，海浪般地漫向辽阔的地平线上。一眼望去，倒是晃晃然不见绿草，只见鲜花了。

我便沉醉在这花海般的草原上了。看无边无际的花海漫延到天际，看平缓起伏的山丘如同舒缓抒情的慢板，看蓝蓝的天上，山一样的高积云海涛般变幻着模样，看草原上马儿悠闲地吃草，一群群男孩子骑着马在花海里破浪飞驰。这时，几个藏族小孩子笑着朝我跑来。女孩子穿着藏族服装，梳着小辫，男孩子则像西部小牛仔。他们好奇地要摸我的大胡子，我欣然同意，条件是，我要给他们拍照。她们笑着摸了我的胡子，验证了是“真胡子”后，马上熟练地摆出了各种姿势，任我拍摄。在镜头中，她们天真无邪地微笑着，笑得像草原上鲜艳的湿润的野花。

这一次，我没有骑马。在实实在在的花海里，我不需要马这样的坐骑，甚至，不需要腾格尔的《天堂》。

三峡畅想曲

银色的纤绳

深夜，轮船闯进西陵峡了。

深夜，轮船将一网珍珠撒在葛洲坝，融入茫茫无边的夜色之中了。

船头，两盏探照灯射出两道强烈的光柱，似寒光闪闪的剪刀，剪开浓黑沉重的夜幕。轮船，似入空寂无人的狭长深巷，握着手电筒，小心翼翼地搜索着前进。

哦，三峡，你那“青天若可扪”的奇峰呢？你那“卷起千堆雪”的惊涛呢？你那“三峡星河影动摇”的奇观呢？你那嵌在绝壁之中的栈道呢？难道全都融化在这浓稠的夜色之中了么？

一粒红宝石般的航标灯神奇地眨着眼，仿佛是回答着我的询问。而高山，从黑夜紧攥着的手指缝里伸出头来，沉默地显示着伟岸；江水借助轮船上灯光的倒影，亲昵地扑上来，抚摸着轮船坚硬的龙骨。

夜色愈来愈浓了。它仿佛厌恶诗人笔下的“夜幕”过于纤细，而浓得像黏稠稠的沥青。深深的峡谷宛如矿井，而轮船高悬着矿灯，在深深的煤层中掘进。

突然间，两座墨黑的山峰跳了出来，像两扇石磨，要把轮船碾成粉末！而轮船好像全无察觉似的笔直朝着铁壁撞去！就在“石磨”即将合拢的刹那间，就在船头即将撞在山岩的刹那间（在灯光的照射下，连山岩上湿漉漉的绿苔藓都触手可及了），探照灯的光柱倏地一弯，轮船像一条大鱼，轻快地一摆尾，又泼刺刺地向前游去。

于是，我看见隐现于光影之中的山峰了。逶迤起伏的山峦，侧着头，依依相偎，甜甜地睡了。使人想起那夜行军中，士兵们一个个边走边垂着头做梦；使人想起婴儿偎在母亲的怀里，而母亲靠在孩儿的肩头，母子相偎，发出微微的鼾声……一只小鸟，悄然无声地从光柱中掠过，顷刻又消失在夜色之中，莫不是贪玩的孩子，急急忙忙地赶着夜路回家么？

轮船，却全无倦意。探照灯强烈的光柱，仍然倔强而执着地上下求索，寻觅。于是，奇迹出现了：那凝然不动的光柱，好似两条银色纤绳，而那连绵起伏的山峰，好似弓着腰拼力向前的纤夫，拽着这银色的纤绳，拉着轮船，一步一个脚印，一步一步地咬着牙奋力前进……

啊，三峡，纤夫不屈不挠的灵魂！

啊，长江，中华民族肩头的纤绳！

云水恋

清晨，薄雾殷勤地拭擦着三峡。

清晨，薄雾从江面上腾起，拭擦着铁青、赭黄、淡绿的峭壁，拭擦着盆景般的金橘、绿茶，米粒般的羊群、黄牛。

江水被山的倒影泡得绿酽酽的了。轮船贪婪地呷着这喷香的浓茶。

浪花伸直胳膊伸懒腰了，而那如斗的泡漩，仿佛是长江惬意地打着哈欠。

两岸雄峻的山峰，一头在天上，一头在人间。天上的一半，白云严严地包裹着，生怕泄露了“天机”。人间的一半，薄雾匆匆地忙碌着，将一幅幅色彩明丽的油画，空蒙扑朔的水彩，似有似无的泼墨写意，展现在我们眼前。

长江被大山挤瘦了。犬牙交错的礁石伏在江水之中，像历史博物馆的陈列物，默默地展示着大江冲决三峡的威力和它艰难的征程。

轮船猛烈地震动、颠簸起来，像醉汉摇摇晃晃地蹒跚着。

汽笛长鸣，群山回应，轮船领唱，群山合唱，奏响了雄浑的晨曲。

于是，被白云包裹着的山峰嗓眼儿痒了。它们不耐烦地攒动起来。

于是，白云不安地流动起来，它们娇嗔地劝说着，继而噘嘴发起脾气。顷刻间，浓云掩盖了整个三峡。

大江，不理会山与云的纠缠争吵，默默地赶着自己的路。

轮船漂在云里了。

轮船，浮在云的故乡——巫山。

哦，眼前究竟是云还是山呢？说它是云，却山一般凝然不动；说它是山，却云一般地滚动飞逸。

我的思绪，也云一般地飞起了。

也许，云，是巫山的特产么？你看那山坡上，岩缝间，沁出一缕缕白云，像白色的蘑菇，眨眼间长大了，长高了，快活地扭动着身子，扑向妈妈的怀抱。

也许，白云与巫山是一对忠贞不渝的恋人？男性的雄浑刚劲与女性的柔美多姿，那么和谐地相映成趣。或许，这白云还是个心眼儿窄的姑娘，长年累月地将恋人的英俊的脸颊遮盖着，是怕谁夺走了她的心上人么？

哦不，巫山真正的恋人，该是这湍急的长江。碧水绕青山，这云这雾，不就是蒸腾而上的长江么？

哦不，或许云与水是一对孪生的姐妹，云夺走了山，将山滞留在温柔之乡；而水，却不忘自己的使命，将山的影子藏在心里，却一如既往地按照自己的初衷顽强地奔向大海。

哦，“云雨归来带异香”的巫峡！

哦，“道是无情却有情”的长江！

神女，你是谁？

中午，太阳像一个魔术师，挥舞着神奇的魔棍，在三峡中嬉笑着表演。

它忽而把长江变成深山中的一条小溪，把轮船变成溪水中的蝌蚪；它忽而把长江变成一口深不可测、高不可攀的石井，把轮船变成井中的青蛙。

它把群山变成千姿百态的巨人，而把我们变成尼尔斯，骑着鹅在峡江里飞翔。

啊，它将把神女峰变成什么模样呢？

游轮上，“尼尔斯”们全都涌了出来。一个个镜头对准了白云缭绕的前方；一双双眼睛瞅准了苍鹰滑翔的高空。

神女峰到了！神女峰到了！太阳用魔棍将幕布轻轻地一拨，啊，神女微笑着站立在舞台的中央！

天是这样的蓝，蓝得像景德镇的瓷器那样剔透，映衬着无数的神话和诗冶炼而成的神女峰。

“尼尔斯”们激动而忘形了。他们高喊起来。

“你好啊，阿妹！”——溅起一阵笑声。

“你好啊，婵娟！”——引来一片惊异。

“啷个像婵娟呢，硬像大巴山中的女子嘛，你看，后面还背着背篓篓嘛，背篓里还有个女娃儿！”满脸络腮胡子的川东大汉一本正经的模样，逗得几个姑娘抿着嘴弯着腰迸出了眼泪。

啊，神女，你告诉我，你究竟是谁呢？

望着你，听着周围的笑声，我想起了“圣母玛利亚”，想起了画家笔下的“圣母”。

拉斐尔把圣母画成健康美丽的女园丁；

鲁本斯把圣母画成华美、高贵的人间女皇；

而伦勃朗，不就把圣母画成尼德兰的农妇么？他以自己的独创性，把圣母描绘成他更亲近更了解的模样……

行船走三峡，哪一座山峰是雷同的呢？它们正是以独特的“这一个”，组成了天下奇观。而神女是谁呢？它不就是每个人心中所要塑造的理想的形象么？

大自然创造了如诗如画的三峡。三峡创造着具有独创性的艺术家。

我展开幻想的双翼，在三峡恣意地翱翔了。

放歌汉江源

比起陕北来，陕南没有一道一道的黄土高坡，似乎也没有高亢苍远的信天游。汉江漾漾滋润之处，山清水秀，宛如江南女子。时值六月，夏收已近尾声，《汉江行》摄制组便在沿途麦秸的清香中，沁入陕南山区，寻访汉江源头。

三千里汉江，其源头就在陕南宁强县境内。车抵宁强县城，已是夏夜九时。中午在武侯祠吃的一点面皮，早已云一般飘散。摄制组人疲马困，均成饿鬼。于是甩下行装，顾不得洗涤满身臭汗，便扑上街寻吃。

县招待所斜对面，亮一灯箱，上书“蜀汉餐馆”，店主为正宗四川人。宁强县紧邻四川，自然是“近蜀楼台先得辣”。十余条汉子，闯进“蜀汉”，也不顾油锅里辣气呛人，开口“啥子”，闭口“啷格”，一个个憋着四川话，大呼上菜上酒。

天热，热得人喘不过气来。小店亦仄如尖椒，挤不下十几条大汉。遂将两张折叠桌拼于室外宽敞处，开怀畅饮。这些年来，每逢朋友集会聚餐，我是必唱的。今日终于抵达汉江源头，将遂平生之心愿，岂有不唱之理？于是酒至半酣，

盘空碟残，便以筷击盘，唱将起来。摄制组的哥儿们，哪个不是歌篓子呢？此时乘着酒兴，争相唱了起来。首先自然是刮“西北风”，十几条嗓子，一齐吼起《赶牲灵》；然后是《涛声依旧》，然后是《外面的世界》……粗犷的男声合唱，便似汉江波涛，拍打山城。偶有间歇，便是上菜了，满头大汗的老板抢火般端上的菜，眨眼间便被十几条大虫风卷残云，一扫而空。于是叮叮咚咚，瓶儿盘儿乱响，歌声好似江涛，又拍岸响起。

我们没有想到的是，我们的酒桌摆在了一扇铁门外。当一男子从铁门里走过来时，餐馆里的四川老板的腰顿时弯成了基围虾。

“莫唱罗！莫唱罗！”老板连忙向我们作揖恳求了。

那男人悠悠晃晃地走了过来，居高临下地问道：“你们认不认得字哦？”

众歌手愕然。

那男人显然是早已习惯于这种效果了。他似乎更加谆谆善诱起来，用手指着铁门边悬挂的木牌，教导我们说：“看清楚了？那是几个么字哦？”

歌手们睁大醉眼，才看清那牌牌上写的是“宁强县公安局”。

十余条大汉大约都是认得汉字的，大约都知道“公安局”

是干什么的。于是哑然。那男子慢悠悠地转身进了铁门，慢悠悠地说："你们的胆子也太大了，居然把桌子摆在公安局的大门口吼歌子！喉咙痒的，还想唱的，进来唱……"

汉子们望着那几个大字，面面相觑，突然大笑起来。没想到喝昏了头，硬是在人家公安局的大门口，吼了几个时辰的歌子。这样的经历，在我的"歌唱史"上，还是头一回呢！

一次已经足够了。幸亏我还认得字。

陕南没有黄土高坡。但是陕南难道就没有山歌么？宁强又名宁羌，是古代羌族聚居之地。"羌笛何须怨杨柳，春风不度玉门关。"既然有悠悠的羌笛，怎么会没有歌声相伴呢？

果然，在宁强的大山里，在汉江的源头，我听到了悠远的山歌。

那是从源头返回的暮色里。爬了一天陡峭的大山，中午只啃了一个干馒头，人已有虚脱之感。早晨上山时还吼了一曲"穿林海，跨雪原"，此时从壁立的石岩上战战兢兢地下山，再也无气力"直冲霄汉"了。就在浑身瘫软之时，忽听得远处传来一阵高亢的歌声，没有歌词，只有一声声悠长悠长的"哟嗬嗬"的呐喊，从大山的胸膛里迸出，化为行云，化为流水，在暮色茫茫的山谷里回荡。我们不禁为之一振，顾不得山高坡陡，跌跌撞撞地循声而去。

是在一面陡斜的坡地里。远远望去，坡地如一小小的手帕挂在大山的胸前。麦子刚刚收割。一中年男子正吆喝着一头黄牛，在山坡上犁田。暮霭已在山谷里弥漫了。扶犁劳作的汉子一声一声高亢的山歌，伴着叱牛的吼声，在幽深幽深的山谷里回荡，愈发衬出大山里的空旷寂辽，以及夕阳西下后的苍凉。

没有伴奏，也没有节奏。有的只是原始的自由的发自生命的呐喊。

我们也激动起来。所有的语言或歌词此时都是多余的了，我们也站了起来，将生命化为一声声“哟嗬嗬”的呐喊。

犁田的汉子显然是听见我们的歌声了，也感受到我们的心声了。他用山区歌手高亢嘹亮的嗓音，幽默地吼了起来：

有一个女子，
吆了一头牛，
走到那黄泥巴梁梁上，
尿了一把尿，
端端地尿在黄泥巴眼睛里
…………

摄像机早已悄悄地对准了陡斜的坡地，对准了一个自由奔放的灵魂。要唱你就尽情地唱吧，没有什么可以禁锢野山里的歌声，“信天游”那样淳厚如酒的山歌。

那天下山时夜色如潮。可是仍有高亢的山歌从汉江源头流淌出来：

我跟小妹干天活，
话就没有多余说，
看看太阳落了坡，
挨挨擦擦踩一脚
…………

【写作提示】怎样运用多种修辞手法展开丰富的想象

（一）

文学性想象是什么？我讲一个小故事。课堂上，有学生向老师提问：关于一般想象和文学性想象，你能举一个例子吗？老师说，这好办，你看见白云飘荡会联想到什么？学生犹豫了一会儿说，我会联想到时间与速度，感觉大自然非常神奇，白云飞速前进，快啊，真快！老师说，很遗憾，这仅仅是联想，算不上文学性想象。那么，真正的文学性想象是什么呢？所谓文学性想象，就是看见白云飘荡，就联想到骏马奔腾，或者说这就像是骏马奔腾；看见长江三峡的水在汹涌流淌，就联想到云朵翻滚，一大拨人马在匆匆赶路；你所乘坐的轮船在剧烈地颠簸，你会联想到摇摇晃晃蹒跚着走路的醉汉……

我们细心阅读这些行走的散文，一定会收获很多关于文学性想象的文字，在它们的字里行间，一定跳荡着一些鲜活的生命，一些只有通过想象才能够真正进入的绚烂多姿的世界。需要指出的是，作者上述那些想象空间，一般来说都是通过比喻、拟人等修辞手法来呈现的。这就是为什么我们经常要强调叙述与描写的关系，它们的区别在于，前者关注的是这个人在做什么，后者关注的是这个人在怎么做，它多半借助动词或形容词来实现，更上一层，是灵活运用比喻、拟人等修辞手法来生动地刻画人物或者物体的动向。比如：“深夜，轮船经过葛洲坝，然后远去。”这就是典型的叙述，动词很少，形容词及修辞手法几乎全无。我们再读另一种呈现方式：“深夜，轮船将一网珍珠撒在葛洲坝，融入茫茫无边的夜色之中了。”这就写活了当下的夜色，以及轮船穿过葛洲坝时的壮观景色。如何写出壮观？将轮船照在江面上的灯光效果比喻为一网珍珠，将夜晚朦胧的江面摹写成茫茫无边的夜色。

（二）

《银色的纤绳》写的是轮船穿越西陵峡的惊险过程。按照一般人的构思方式，多半是以移步换景这样的结构来表达那晚的惊险。但本文作者将文章重点落笔于对西陵峡的生命描绘，也就是说，在作者笔下，他所关注到的每一个物体、每一个细节，都具有鲜活的生命，并且跳荡着一颗不安分的心。

作者写探照灯光柱很强烈，这还有点过于简单，写那光柱“是寒光闪闪的剪刀，剪开浓墨沉重的夜幕”，这样的描写就立刻拓展了我们的想象空间。我忽然联想到唐代诗人贺知章的《咏柳》，“不知细叶谁裁出，二月春风似剪刀”。这首诗的意思是：“不知这绿叶是谁裁剪出来的，噢，原来是二月春风啊，它幻化作剪刀正在细细剪裁呢！”如果直接说“春风涵养了绿叶”，那并不生动，如果巧用比喻与设问，味道就不一样了。同样，作者说那光柱像剪刀，剪开了夜幕，光柱的工巧和描写的新颖别致，就被形象化地烘托出来了。

用形象化的表现手法来描写所见所感，在《银色的纤绳》中比比皆是，从而构成了非常特殊的结构特色。随着笔力的往前推进，也就是作者所乘坐的轮船往前开进，而不断地涌现出那些鲜活的比喻、动态的拟人，拓展出一幅五光十色的长江夜景图，并以一种闪点透视法展现不同的空间和时间场景，多角度多侧面地揭示西陵峡的美妙夜景。

作者一边面对朦胧的夜色发出早已留存在脑海中的疑问，一边描写航标灯的出现以及那艘轮船是如何穿越夜色的。

（三）

写航标灯，说它是“从黑夜紧攥着的手指缝里伸出头来”，这个动感就比较强烈了，“紧攥着”，感觉到人的力量，凸现了“紧”的程度；“伸出头来”更加彰显出人的在场感，形象逼真，一个鲜活的人物，近在咫尺，生命形态揭示得淋漓尽致。然后，视角转换，不直接写轮船的推进，而是从侧面描写江水迎上来，用“迎”还显得一般化，为要表达得更加生动，作者选用了“扑”，显现其“凶猛”的状态，这还不够，还要在此基础上传达出它内心的狂喜，所以“亲昵”就显得很恰当，“江水借助轮船上灯光的倒影，亲昵地扑上来，抚摸着轮船坚硬的龙骨”。一般的作者遇到这种场景，会这样描述：江水扑打船舷什么的，但这样写凸显不出个性来，而“抚摸龙骨”才是将生动的修辞运用到了极致，你瞬间就有了一种温度，一种情感温度。

写夜色浓重时轮船行进的惊险场景，没有硬邦邦的、生硬的、有棱角的语言堆砌，而是像讲故事似的，在你的眼皮底下，展开一幅画面感浓烈的图景，说画面感还有点欠妥，说它是小型电影制作，就很恰切了。实际上，这一段，作者所描绘的场景，经过想象空间的再创造，惊险程度会更加完美。轮船穿越惊险，你看作者如何描绘的：“探照灯的光柱倏地一弯，轮船像一条大鱼，轻快地一摆尾，又拨剌剌地向前游去。”请看，“一弯”“一摆尾”，写活了轮船鱼一般的灵便、精巧，你要是说某种东西很灵活，那还不能让人心服，如果把鱼拉出来说事，就有了生动的佐证了。

后半部分的闪点透视，也显现了多个角度、多个侧面，夜色江面上的立体感或雕塑感，更加鲜明，更加意趣横生。

轮船在夜色中行进，周遭寂静万分。我们看作者是如何表现这两种生命形态的。

（四）

夜色中江两边起伏的山峦，怎样描写？就像前面这几个文字的呈现方式吗？显然不生动，如果写“侧着头，依依相偎，甜甜地睡了”，这样味道就出来了，这样就不仅仅停留在叙述的层面，而是沉淀于描写的深度，让读者的心，被描摹的笔所神通，感受到强烈的温暖。

还有，“一只小鸟，悄然无声地从光柱中掠过，顷刻又消失在夜色之中，莫不是贪玩的孩子，急急忙忙地赶着夜路回家么？”这不仅仅是以动写静，还有拟人，让你想见那种着急劲，想见你在少年时代如何违拗了妈妈的管束和意愿而很晚才归家，那种后悔的、愧疚的心情，你能深刻地感觉得到呢！

综上分析，所谓文学性想象，具有如下特色：形象性、情感性、审美性。也就是说，它是一种饱含着情感的想象，是以形象化为主要特征的，而一般的想象强调的是理性逻辑，是严格区分物我界线的。实际上，少年们的想象是最能显现上述“三性”特色的想象。

如果我们沉下心来琢磨里面的一些精彩片断，我们就会从另一个角度来认识文学性想象与所涉及的叙述和描写的不同的层次感，及其所肩负的不同的艺术感染力。

第8堂课

如何写读后感

男子汉之歌

夜夜在我梦中，见到你，
感受你，我的心仍为你悸动
穿越层层时空，随着风入我梦
你的心从未曾不同
你我尽在不言中

——《我心永恒》

相信你已经看过美国影片《泰坦尼克号》了，相信你已经熟悉这部影片的主题歌《我心永恒》了，相信露丝和杰克那短暂、浪漫、惊心动魄的生死恋已经感动你了。在泰坦尼克号即将沉没之际，露丝冒着生命危险，返回船舱救出了杰克；而在寒冷刺骨的冰海里，杰克用自己的生命之火温暖着露丝，守护着露丝，最后鼓励露丝好好地活下去，自己却冻僵沉入了大海深处。

你的爱，伴我航行，
始终飞翔，如风般自由
你让我无忧无虑
永远地活在爱中

这是爱情的光辉。

这是人性的光辉。

而在我的眼里，《泰坦尼克号》还是一曲悲壮的男子汉之歌。

我一直有一个偏激而固执的观点：这个世界之所以需要男人，是因为在关键时刻，需要他们挺身而出。一个真正的男人，一个真正的男子汉，最重要的品格，就是责任感。上帝给予男人一幅宽阔的肩膀，粗壮的筋骨，雄性的气魄和力量，就是要男人去承担责任的，就是要男人在“危难时刻显身手”的。男人不仅仅是女人身边的“护花使者”，而且应该是这个世界的卫士，是国与家的铁的脊梁。

在泰坦尼克号即将沉没之际，每个男人不但面临着灭顶之灾与生死抉择，还面临着男子汉品格和责任感的检验。

是的，我们看到了这样卑劣的男人：露丝的未婚夫，那个腰缠万贯的富家公子，在沉船的关键时刻，不但抛下了露丝，不但企图杀害杰克，而且用别人的孩子作为掩护，假冒孩子的父亲，挤进救生船。这样的男人，只能算是一个雄性动物罢了。也许，连真正的雄性动物也会对他有意见，因为在森林里和原野上，雄性动物是会拼死保护自己种群中的“妇女和儿童”的。

《泰坦尼克号》使我感动的，是那么多的男人，包括船员和普通的乘客，面对着大难，首先想到的，是将生还的希望让给妇女和儿童。白发苍苍的老船长在恪尽职守后，选择了与船同归于尽；一位老神父面对着死亡，还在带领着绝望的乘客祈祷，给这些即将沉入海底的人们最后一丝慰藉；在整部影片中，最终冲破我情感的闸门、使我热泪盈眶的，是那些在甲板上一直镇定自若地演奏乐曲的艺术家们。他们大气磅礴、轻松自如的演奏，与甲板上惊惶绝望的逃命，形成了鲜明的对比，强烈的反差。他们肯定知道船就要沉没了，他们肯定知道用于救生的小船是不可能承载他们的生命了，他们肯定知道在这漆黑的夜里，在这冰冷的海里，等待他们的，只有死亡了，但是，他们仍然坚持将应该演奏的乐曲认认真真地演奏完，好像在辉煌灿烂的大舞台上演奏一样。他们要用自己的演奏，去安慰惊惶失措的逃难者们，他们要用自己的行动，去显示人的尊严和力量，人性的崇高和力量，显示生命在消失前夕惊人的瑰丽与辉煌。最使我感动的，是他们演奏完以后，仍然那么彬彬有礼地互相道别，虽然这样的道别其实是永别。而当有人不愿走，继续留在甲板上时，我们看到，所有的艺术家们都不约而同地又走了回来，又拿起了乐器，以非凡的勇气和视死如归的气概，共同奏响了他们生命中最后的乐章，当然，也是最辉煌的乐章。就是在这个时候，我的眼泪终于夺眶而出。也许在泰坦尼克号上，他们不过是普通的遇难者，但是，在我的心中，他们却是顶天立地的英雄，是铁骨铮铮的男子汉。

《泰坦尼克号》是惊心动魄的，杰克和露丝的爱情是令人难忘的，《我心永恒》的主题歌是扣人心弦的，而令我满含热泪的，是这些无名英雄用生命演奏的“男子汉之歌。”

我读《钢铁是怎样炼成的》

我是在长江边长大的。那时，我住在汉口滨江公园的附近，我家的对门，就是码头。我从小就十分喜欢看书，可是，我家的生活非常清贫，花钱买书简直就是一种奢侈。那时学生的学习负担远远没有现在的孩子这么重，每天放学以后，我常常到新华书店去看书。当然是假装着要买书，然后赶快一目十行地翻着看，一边看一边用眼角的余光偷偷地观察书店营业员的脸色。我这个人，从小就脸皮薄，一旦发现营业员的眼光瞟了过来，我就做贼似的心虚心慌，赶快把书放在柜台上，头也不回地跑出了书店。

一个偶然的机会，我在汉口江汉路的古旧书店发现了一个“新大陆”：这里的书几乎都是开架的，而且可以自由地挑选和浏览。由于是古旧书店，来的人要么是儒雅的先生，要么就是穷学生，店里很清净，那些上了年纪的营业员，对穷学生们也十分宽容，有时我站着看久了，一位老先生还主动地要我坐在书梯上，说，慢慢看，慢慢看。

就是在这个书店里，我第一次看到了《钢铁是怎样炼成的》。

我看到的那本书，没有封面，只见一个瘦削的苏联红军骑兵，高举着马刀，正策马冲锋。是不是男孩子都喜欢看打仗的书呢？反正我是一看就入迷了。一开头，就是调皮的保尔·柯察金在神甫的发面里撒了烟末，然后，出现了美丽的冬妮娅，做苦工的穷孩子保尔和林务官的女儿冬妮娅相爱了；然后，就是革命、战争、流血、牺牲……对于一个出身于50年代的男孩来说，还有什么比这些更具有吸引力呢？我们这一代人，是伴随着新中国长大的，是在俄罗斯文学和苏联文学的熏陶下长大的，我们从小看的是《卓娅和舒拉的故事》，我们从小唱的，是《莫斯科郊外的晚上》，是《红莓花儿开》，是《山楂树》，是《共青团员之歌》。我们遗憾的，是没有出生在战争年代，没有机会像父兄那样去冲锋陷阵，建功立业；我们向往的，是为了理想，像英雄和先烈那样去生活和战斗。而对于我来说，一个在码头上长大的既聪明又有些调皮的穷孩子，一个生活在自己的诗意和理想中的男孩子，保尔的故事无疑使我产生了强烈的共鸣。我决心把这本书买下来。这是我第一次下决心买一本书。

买下《钢铁是怎样炼成的》促使我走向了码头。我说的是，我下决心像码头上的小伙伴一样，去帮人家拉板车。

20世纪五六十年代的码头，板车尚是运送货物的主要工具。有时板车载物过重，“车老板”一般都雇一个小孩子在旁边帮忙拉。我家里虽然没有父亲，生活非常拮据，但是，我的母亲却一直不让我去拉板车。我母亲是怕自己的儿子太小，拉车伤了身子骨，因为我那时才9岁。

但是，为了《钢铁是怎样炼成的》，9岁的我要走向码头去拉板车了。

我是码头上最小的小车夫。

第一次拉车的经历对于我来说是刻骨铭心的。那是一个酷热的夏天，被称为中国的“火炉”的武汉，酷夏的温度往往高达摄氏四十多度。临江的柏油马路被晒成了柔软的面团，而我就是在这样的夏天，开始了我的拉车生涯。

我拿着一根带铁钩的麻绳，站在码头的出口。小伙伴们一个个都被雇走了，唯独剩下了我一个人。正在我失望的时候，一个佝偻着腰的老头向我招了招手。

我就这样用一根麻绳拉着小山一样的板车，走进了火一样的炎热之中。那时我9岁，瘦骨伶仃的，穿一条短裤，打着赤膊。天气太热，老头太弱，而我又太小，板车就是走不动。我拉车的麻绳，没有经过处理，在肩头一拉一扯，肩头就磨破了皮，汗水一浸，火辣辣的疼。老头见我拉不动，就要我把鞋脱下来，打着赤脚拉。这真是一个绝招。柏油马路被晒得像铁板一样滚烫，赤脚一踩，就烫起了泡；脚上又烫又疼，就赶快拉车赶快走，恨不得一步就到达目的地。

从汉口的13码头到江汉关，现在乘车只要两站路。而我那时好像经历了一次最最漫长的长征。肩头磨破了，脚上烫起泡了，浑身上下汗水淋淋。我的劳动，换来了5分钱。现在的5分钱，算得了什么呢？有的孩子在路上见了5分钱恐怕连腰也不会弯。但是，那是我第一次用自己的汗水挣来的钱。激励我的，不仅仅因为要买一本书，而且还因为受了书中保尔的影响，那就是苦行僧似的磨炼自己，像一个真正的男子汉那样活着。明知山有虎，偏向虎山行。愈是艰苦，愈觉得愉快。这是现在的孩子或许不能理解的。而那时的男孩，特别是码头上的男孩，比的就是谁敢吃旁人不敢吃的苦，谁的意志更加坚强。如果说，码头上的江湖好汉的习气给了我一个男子汉的品质，那么，《钢铁是怎样炼成的》则告诉了我，一个人活着究竟是为了什么，一个人生命的价值究竟是什么。

后来，我硬是凭自己的汗水挣的钱，买下了《钢铁是怎样炼成的》。我一直把它带在身边，而且将保尔的内心独白作为自己的座右铭："人最宝贵的东西是生命，生命属于每个人只有一次。一个人的一生应当这样度过，当他回首往事的时候，他不因虚度年华而悔恨，也不会因为碌碌无为而羞愧，这样，在他临死的时候，他就能够说：'我的整个生命和全部精力，都献给了世界上最壮丽的事业——为人类的解放而斗争。'"

这段座右铭，成为我生命的支撑点，成为我在逆境和磨难中顽强掘进的动力。当我初中毕业下乡的时候，这段座右铭就贴在我的床头。炎炎酷夏，在最艰苦最繁重的双抢劳动之余，在蚊虫叮咬的深夜，我仍然将腿浸在水桶里，看书，写诗。凛冽的寒冬，穿着短裤在水利工地上冒着雪花挑堤，也有一种生命被炼成钢的崇高感和愉悦感。

后来，在我遭受挫折和磨难的时候，在我生病住院的时候，我都爱将这段话贴在我的床头。这本书的作者奥斯特洛夫斯基就是保尔的原型，他是在双目失明、全身瘫痪的绝境中，以顽强的毅力，写完这本书的。我常常想，世界上竟然还有这样的男人，我也是一个男人，而且是一个健全的男人，我为什么就不能写一本大家喜欢看的书呢？因此，我从小就选择了写作这样一条路，和该书的影响不无关系。当我长大了以后，我舍弃了许许多多的东西，选择了清贫而寂寞的写作生涯，尤其是儿童文学的写作。每当我在深夜面对一盏孤灯写作时，我都有一种保尔冒着严寒修铁路的感觉。长长的铁路伸向远方，许许多多的人为了修铁路而献出了自己最宝贵的青春和生命。当列车隆隆地在铁路上飞驰时，坐车的人有谁会想到有人曾为这条路而倒下了呢？然而，正是这种默默无闻的牺牲和奉献，使我感动，而终身难忘，而默默地加入新的修路的洪流之中。

是的，保尔的时代离我们已经很遥远了，保尔为之流血奋斗的那个“苏联”，也解体而不复存在了。从我的少年时代到现在，这个世界已经发生了翻天覆地的变化。我们面对的，是一个物质的世界，是一个流行的时代，一个“方便面”的时代。现在的流行趋势，是羞于谈理想，羞于谈崇高，羞于谈英雄主义。似乎愈鄙俗，愈市侩，愈自我，愈及时行乐，就愈时尚。但是，《钢铁是怎样炼成的》一书中最闪光的东西没有过时，保尔的精神并没有过时，保尔的英雄主义也没有过时，为了理想、为了祖国而不畏艰险、顽强奋斗的精神没有过时。一个男子汉应该像钢铁一样坚强、应该像战士一样活着的精神更没有过时。每一代人都有自己别无选择的成长背景。每一代人都有自己生命的支撑点。我尊重现在孩子们的喜好和选择，尊重他们喜爱的书，喜爱的歌，喜爱的偶像；同时，我们也希望孩子们尊重我们少年时代的喜好和选择，尊重我们喜爱的书和歌。我能理解有的孩子花高价去听张惠妹的演唱会，同时，我也希望他们能够理解我用一个暑假的劳动去买一本书，去买《钢铁是怎样炼成的》。在浩如烟海的书籍中，有的书可以给人解闷，有的书可以给人取乐，有的书可以给人以审美的愉悦，有的书则可以影响一个人的一生，乃至影响整整一代人。《钢铁是怎样炼成的》就是影响了整整一代人的书。

现在，我的书柜里，仍然有着不同版本的《钢铁是怎样炼成的》，我常常翻翻它，常常看看它，不是为了怀旧，而是为了前进。

我读《老人与海》

一个名叫桑提亚哥的老渔夫已经连续 84 天没有捕到鱼了。84 天，这可不是一个短暂的时间。这个名叫桑提亚哥的老人每天都划着空荡荡的小船出海，天快黑了的时候，又划着空荡荡的小船回来。他的小船的桅杆上挂着一面风帆，“那一面帆上补了一些面粉袋，收起来的时候，看去真像一面标志着永远失败的旗帜。”

桑提亚哥确实是老了。他的后颈上凝聚了深刻的皱纹，显得又瘦又憔悴。他身上的每一部分都显得老迈，除了那一双眼睛。那双眼睛跟海水一样蓝，是愉快的，毫不沮丧的。

就是这样一个老渔夫，在 84 天没有捕到鱼以后，仍然满怀信心地希望捕到一条大鱼。

他果然就钓到了一条大鱼。那是在阳光灿烂的中午，他钓到了一条好大好大的鱼。这条大鱼竟然拖着他和小船，不慌不忙地在大海里漫游。大鱼吞下了老人下的鱼钩，是跑不脱的了。老人单枪匹马，年老体衰，不但一时制服不了这条大鱼，而且连大鱼是个什么模样，也没见到。大鱼拿他没有办法，他也拿大鱼没有办法。大鱼拼命想甩脱他，他也雄心勃勃地想制服大鱼。老人与大鱼就在大海上周旋开来。

这是一场比力量更比意志和毅力的竞赛，这是一场你死我活的残酷的搏斗。这场殊死搏斗一直持续了三天。在浩瀚无边的大海上，不甘心束手就擒的大鱼想出了种种办法，忍着剧痛不知疲倦地日夜游动，企图拖垮老人。而老人忍着饥渴，忍着疲乏，双手紧握钓丝，坚决不放弃大鱼。到了第三天，大鱼终于坚持不住了，它的肚子里吞下了鱼钩，身上还插着渔叉。它拖着小船和老人在大海上狂游了三天，它终于失败了。但是，即使是在临死之前，大鱼仍然是充满着英雄气概的。它生气勃勃地做了一次临死之前的最后抗争，也是最漂亮的一次表演："它从水里一跳跳到了天上，把它的长、宽、威力和美，都显示了出来。它仿佛悬在空中，悬在船里老头儿的头上。"

大鱼终于死了，老人终于胜利了。但是，对于桑提亚哥来说，这场战斗远远没有结束。因为他还得将这条大鱼拖回去，而他已被大鱼拖到了大海的深处，他已经精疲力竭。如果他不能将大鱼完整地拖回去，那么，他就会前功尽弃，他仍然是个失败者。

桑提亚哥不愧是个真正的男子汉。他驾着小船，又开始了艰难而充满危险的航程。这么一条大鱼，比他的小船还大

两倍。对于那些专门在大海上捕猎的大鲨鱼来说，他拖着的是无比诱人的美味佳肴。

大鲨鱼说来就来了。“它游得那么快，什么也不放在眼里。”这是一条巨大的鲭鲨，在大海中，它是游得最快的大鱼，它的八排牙齿全都像锋利的剃刀一样，以至于再厉害的大鱼，游得再快的大鱼，都不是它的对手。现在，它要吃一条已经死去的大鱼，谁还能阻止它呢！

精疲力竭的老人又面临着新的挑战。

要么就放弃大鱼，让鲭鲨饱餐一顿，自己则抓紧时间赶快摆脱鲭鲨，平安返航；

要么就冒着被鲭鲨掀翻小船、被鲭鲨一口吞掉的危险，再与鲭鲨搏斗，坚决捍卫自己的胜利果实。

在茫茫无边的大海里，即使是再强壮的水手和渔夫，在单枪匹马的困境下，也会躲避着巨大的鲭鲨的，何况是一个势单力薄的老人呢？

但是桑提亚哥毫不犹豫地选择了再次搏斗。

不仅仅因为要保护千辛万苦获得的胜利果实。

不仅仅因为他已经 84 天没有捕到鱼了。

还因为他是个男人。

还因为他是个宁折不弯的男子汉。

一场惊心动魄的战斗就这样打响了。

大鲨鱼飞快地逼近了，它那吓人的牙齿咬得嘣咯嘣咯响。它张开大口，去咬那大鱼。老人手持渔叉，鼓起全身的力量，向鲭鲨的头上扎了下去。

他向它扎去的时候并没有抱什么希望。但是，他却抱有无比坚决的意志。

鲭鲨受到了致命的打击。但是，它仍然在大海里翻滚，将那条死鱼咬得残缺不全。

大鱼和鲭鲨的血染红了海水。更多的鲨鱼被这血腥吸引而来。这次向他和小船扑来的，是两头星鲨。这是两条凶残嗜杀的鲨鱼，饥饿的时候，它们会去咬桨和船舵，甚至会咬在水里游泳的人。

而老人手里已经没有渔叉了。他的手中，只有一把刀。

他把刀绑在桨上，制成了一把长刀。当一条星鲨张口撕扯死鱼的时候，他将长刀一下插进了星鲨脑子和脊髓相连的地方。第二条星鲨又扑了过来，他如法炮制。他不但有勇气，而且有智慧，有经验，他就用一把长刀，打败了两条凶残的星鲨。

而他那残缺不全的胜利果实，又被星鲨撕扯了不少。

紧接着，又一头大鲨鱼扑来了。这是一头犁头鲨。老人仍然先让它去咬那死鱼肉，然后，瞄准了它的头部，猛地将长刀插了进去。长刀是插准了，但是，犁头鲨猛地一挣扎，将他的长刀一下就折断了。

老人手中只剩下一根木棍了。

而鲨鱼仍然不断地扑来。

在汹涌的波涛里，在鲨鱼的围攻下，老人与鲨鱼展开了搏斗。这样的搏斗从白天一直持续到晚上，老人已经疲惫不堪了。他的伤口和一切用力过度的地方，都因为夜里的寒冷而疼痛起来。他想，我希望再也不和它们斗了。可是到了半夜，当鲨鱼开始袭击死鱼时，他又奋起和它们斗了起来。这是一群大鲨鱼。它们展开了围攻和集团冲锋。老人左打右砍，到了最后，连木棍也被鲨鱼们咬跑了。他就用桨来战斗。他就用木桨击退了最后一条大鲨鱼。

而他辛辛苦苦捕获的那条大鱼，已经被鲨鱼们吃光了。当他历经艰辛将小船靠岸的时候，他拖上岸的，只是一条又粗又长的雪白的鱼的脊梁，以及一条庞大无比的尾巴。

作为一个渔夫，他仍然没有捕获一条完整的鱼回来，他似乎是失败了。

但是，这个从来就不曾被打败过的老人，这个倔强的桑提亚哥，他真的失败了吗？

我第一次看到《老人与海》的时候，还是个初中生。我第一次记住了它的作者，一个美国人：厄内斯特·海明威。作为一个在长江边长大的男孩子，我被桑提亚哥的故事震撼了。我感到它好像是一个寓言，但是，海明威却又将这个故事叙述得那么生动，那么引人入胜，那么令人难忘。后来我终于“见到了”海明威，我看到了他的照片。那是一张宽阔而棱角分明的脸庞，满脸倔强的络腮胡子，显示着一个男子汉的坚毅和刚强。

这是一个真正的男子汉。海明威和他所创造的世界，充满了男性的魅力，在20世纪的作家中，从来没有一个作家像海明威那样，将男子汉的魅力展现得那么淋漓尽致，将男子汉的品格表达得那么充分而形象。

海明威1899年出生在美国芝加哥一个医生家庭里。他做过新闻记者，参加过第一次世界大战。1918年，他在意大利前线身负重伤，浑身上下嵌进了数不清的弹片。他奇迹般地活了下来。他的战斗生涯为他的创作提供了丰富的素材。伤愈后，海明威侨居在法国巴黎，从此开始了创作生涯。海明威的生活总是富有传奇色彩的，他老是喜欢冒险，他喜欢到西班牙去斗牛，喜欢到非洲去打猎，而且喜欢猎非洲的狮子。他喜欢酗酒，喜欢浪漫的生活，他浑身好像有使不完的劲儿，连写作也是站着写。他以不同凡响的生活方式展示着男子汉的强健和高傲的思想。在他的笔下，我们看到的，是战场上无所畏惧的战士，是在炮火中奋不顾身救助战友的士兵，是从不怕死的勇猛的斗牛士，是非洲丛林里与猛兽搏斗的猎手。海明威为我们创造的，是一个男子汉的世界，是一个英雄的世界。海明威的小说总是充满了生命的激情，就像他自己体验和触摸到的一样。读着他的作品，我们的心中便充盈着男子汉的阳刚之气，我们的血管便鼓胀，便奔涌着男子汉滚烫的血液，奔涌着生命的激情。在《老人与海》中，海明威塑造了一个敢于接受命运的挑战，从来不畏惧失败的男子汉形象。虽然桑提亚哥是一个老迈的老头儿，虽然他 84 天没有捕到鱼，而他好不容易捕到的一条大鱼，又被鲨鱼吃得精光。就是在《老人与海》中，海明威写下了这样掷地有声的句子："一个人并不是生来就要被打败的。人可以被毁灭，但不能被击败。"桑提亚哥孤身一人在茫茫的大海上，与大鱼、与鲨鱼搏斗了几天几夜，他从来就没有退却，即使面对失败，他从来就没有想到妥协和放弃。他的大鱼是被鲨鱼吃光了，但是，他的男子汉精神，他拼死也要维护一个男人的尊严，却让我们肃然起敬。这样的非凡的毅力和坚强的决心，这样的永不言败和勇敢坚韧，正是男子汉魅力的核心所在。海明威和他的小说，尤其是《老人与海》，便成为 20 世纪男人的经典。成为"男子汉"最好的诠释。

1954 年，海明威荣获了诺贝尔文学奖。在授奖的原因中，专门提到了《老人与海》："因为他精通叙事艺术，突出地表现在他的近著《老人与海》中。”

海明威最后是开枪自杀的。这个一生都保持男子汉尊严的人，甚至不能容忍年老体衰和疾病的折磨，不能容忍自己的创作激情的衰减。这个骄傲的男人，将自己最心爱的猎枪含在嘴里，然后，用脚趾扣动了扳机，用这样一种不可思议的方式，结束了自己的生命。

海明威的自杀并不是逃避，也不是放弃。在他的思想里，他用子弹毁灭的，不是自己的生命，而是向他发起挑战的疾病，就像桑提亚哥与大鲨鱼搏斗一样，他消灭的，是“疾病”，而不是“海明威”。恰恰相反，他用这种残酷的方式维护的，正是一个男子汉的尊严。就像他在《老人与海》中所说的：“人可以被毁灭，但不能被击败。”

不论是生存还是毁灭，海明威都生气勃勃地活在每个男子汉的心中。

【写作提示】文章产生共鸣的必要条件

（一）

常常看到有些成年人写一些童年往事，写得激动人心，写得惊心动魄，简直有余音绕梁三日不绝之效果。

他说他倾注了全部的心力，他说他在握笔的时候手都在颤抖，他还说他写着写着流下了眼泪。

后来他拿给身边的朋友看过了，朋友们非但没有叫好，反而背地里说这种故事怎么没有感动我呢？我可以写一千个呢？话是有点夸张，却说明了一个问题：你认为能够感动自己的东西，并不一定感动别人，也并不一定能使别人喝彩。

那么这到底是什么原因呢？

我们先来读懂“共鸣”这个概念吧！

所谓共鸣，是指由别人的某种思想感情引起自己相同的思想感情，它的基本意思是，物体因共振而发声。

把共鸣的概念这么一说，我们就能明了，你要想引起读者的共鸣，就必须在情感上、情绪上有一个相互感染的过程，只有感染了，才能够产生共振！

比如你对朋友说某人经历了生离死别，听者并不会立即产生共鸣，但有可能会急着想往下听听究竟是怎么回事。如果你在讲述的过程中灌注了一条线索，或者多多注入一些情感因素，或确实有一个实实在在的东西贯穿始终，并且有一些震撼的细节（这些细节是人作为人所共同关注的），那么，这一条生离死别的血脉，就会在你的情感的河流里慢慢地流淌，在流淌的过程中，你的河流还不时地掀起一些情感浪花，比如那个贯穿始终的一种情感，或者一种实在的物品等。这样，你心河里的浪花就会形成一波三折之势，而不断地纵容你的情感浪花的绽放。

这样，所谓共鸣不就产生了吗？而上述那位朋友的文章，实际上就欠缺贯穿始终的东西，也就是能够不断丰富人物形象或者主题的东西，因此很难引发读者的关注，无法使读者产生共鸣。

（二）

话说到此，我们当然就要提到董宏猷的散文作品《我读〈钢铁是怎样炼成的〉》。

文章讲述的是作者少年时代艰难求学的过程，不是正儿八经的上学故事，而是课外阅读的艰辛历程。

阅读之后，我们心中就会掠过战栗的感觉。我们惊叹作者少年时代生活的艰难，我们惊叹作者少年时代挣钱的艰难，我们还惊叹作者少年时代买书的艰难，当然，还有更多的艰难在作者笔下如小溪流水汩汩流淌。

在阅读过程中，我们的心会不时地颤动一下，或者目光倏忽间停顿一下，为什么会这样？因为我们发现细节了，发现那些使我们的心颤动的细节了，我们的心是自发地颤动的，不是被迫颤动的。

比如这样的细节：“当然是假装着要买书，然后赶快一目十行地翻着看，一边看一边用眼角的余光偷偷地观察书店营业员的脸色。”请注意“余光”二字，这样来写那种场面，那种心理活动，是多么惊心动魄！因为有一种共同的灵魂的痛感在扩散。

再比如，“一旦发现营业员的眼光瞟了过来，我就做贼似的心虚心慌，赶快把书放在柜台上，头也不回地跑出了书店”。请看，一种做贼似的现场感，扑面而来，一种正在干坏事的心理，折射到读者的内心，使读者也跟着加快了心跳。

就是这样来激活读者的情感闸门，就是这样来掀起读者心河里的浪花。

如果说上述动态细节仅仅关涉我们的内心，那么，下面的一个细节则具有了场面的空间效果：“我拿着一根带铁钩的麻绳，站在码头的出口。小伙伴们一个个都被雇走了，唯独剩下了我一个人。正在我失望的时候，一个佝偻着腰的老头向我招了招手。”有了场面和空间，自然就能将读者代入现场，从而增强了读者的现场感。有了如此惊心的现场感，还愁读者的心不会战栗吗?

在这个基础上，每一个细节的凸显，都会使读者的心战栗起来，于是共鸣由此产生：“老头见我拉不动，就要我把鞋脱下来，打着赤脚拉。这真是一个绝招。柏油马路被晒得像铁板一样滚烫，赤脚一踩，就烫起了泡；脚上又烫又疼，就赶快拉车赶快走，恨不得一步就到达目的地。”那种痛感，那种经久不息的跳跃感，是怎样让读者的心，一次次地被触动。

（三）

上述三个动态细节中，“我”的所作所为，均以挣钱为目的，但并非为了填饱肚子，而是为了买书。这样的以精神需求为指向的生存状态，就比仅为温饱而干更加感人肺腑了。所以当作者下乡之后，“在蚊虫叮咬的深夜，我仍然将腿浸在水桶里，看书，写诗。凛冽的寒冬，穿着短裤在水利工地上冒着雪花挑堤，也有一种生命被炼成钢的崇高感和愉悦感”。请注意，此处的崇高感和愉悦感就像一面镜子，照亮了过去所有的屈辱和苦痛，而使那些隐晦的感觉，逐步变得富有了存在的价值，以及积淀的意义。

那么，仅仅如此讲述过去时光的艰辛求学求书过程就万事大吉了吗？当然不是，那样写，不仅没有个性，千人一面，千部一腔，而且很难将文章立意的高度提升起来。

（四）

现在，我们再来分析，作者在文章中究竟添加了什么道具。

如文章标题所示，那就是《钢铁是怎样炼成的》这本书。

如果我们机械性地进行数据统计，那么就会发现这本书在文章中出现的频率高达十次之多（注意，不是集中在一块，而是散在多处。看上去似乎很随机）。它的作用，首先是呼应，使文章前后勾连，强化感情色彩，引发读者共鸣。其次是复沓作用，使文章或字里行间隐隐地游走着一种音乐的旋律和顿挫的节奏感。第三是渲染烘托，我们注意到，在多个关键时刻，作者常常要将这本书荡出画面，如浪花般绽放，以便渲染它的作用，或烘托主人公的情怀，或营造如饥似渴的读书氛围。最后一点，是最为重要的，这就是这本书在那样一个时代给我们的少年时代带来的对崇高理想的憧憬，以及这种憧憬是怎样照亮了少年的成长之路。

这样，这篇散文不仅因为少年艰辛的生活细节引发读者共鸣，更为重要的是，因为《钢铁是怎样炼成的》这本书的多次穿插、点染，而使原本单薄的故事变得厚重，原本瘦弱的故事变得丰满，原本欠缺层次感的情节变得丰润丰满。

于是，文章就在这娓娓的讲述中引发了我们强烈的情感共鸣。

著名文艺评论家秦牧说过：“一切艺术所以能够感动人，只是因为被感动的人从这种艺术里面引起某种程度的思想上的共鸣。”这句话看似一般，却道出了产生共鸣的可能性和必要性。

第9堂课

如何写风土人情

苕货

“苕货”是武汉的方言。苕，就是红薯；像红薯一样实在的人，老实的人，本来应该是好人，结果被当成了实心眼的傻瓜，也就是“苕货”。

许多经商的人，做生意的人，应该都是聪明人。但是，如今做生意，是越来越难了。其中的原因之一，当然是做生意的人越来越多了，用一句汉口的俗话说，是“棒槌雕个眼睛，也在当老板做生意”。老板一多，而且泛滥成灾，竞争自然就激烈。“同行是冤家”，你今天做了“初一”，杀了我的价，坏了我的生意，那好，伙计，我明天就还你一个“十五”，常常就杀了个两败俱伤。因此，做生意也是一个“围城效应”，未下海的人想进去，以为那汉正街只要弯腰就可捡到人民币；而下海后呛了水的，翻了船的，又常常怀念“大锅饭”，怀念看病拿药不要钱的公费医疗。尤其是那些做小本生意的，哪里敢害病呢？一盒消炎的药，就得花上几十块钱，那些在冬夜里冒着寒风流着清鼻涕偷偷摸摸炸藕元的婆婆爹爹们，消得起这个炎么？

俗话说："条条蛇咬人。"这的确是人生的经验之谈。

但生意难做的原因中，有一点似乎没引起老板们的注意，那就是促销手段的单调雷同，把顾客当成了"苕货"。一搞"巨奖酬宾"，满世界都挂起了巨奖的横幅。去年的春节，我们单位就买了几大箱某某话梅，想让大家碰个运气，结果一个奖毛也没摸着，从此以后就不再相信诱惑人的什么"巨奖"。

大老板们腰围粗，赚也好，亏也好，尚有进退的余地，"破船也有三千钉"呢。那些"苗条"的小老板们，尤其是个体户们，倘若不注意研究顾客心理，不讲究促销手段，人云亦云，则非吃亏不可。

例如"大放血"。只要哪家挂出"大放血"的牌子，一条街便"鲜血淋漓"了，有的还用红颜色将"血"写得"鲜血"直流。结果吓得顾客不敢进门。

又例如"厂价销售"，这是如今小店铺最时髦的诱饵。但我在一条街上看到家家门前都歪歪扭扭地写着"厂价销售"，便不禁哑然失笑了。草原上有句谚语："如果每个人都是你的朋友，你便没有朋友。"同样的道理，如果一条街的商品都是"厂价"，又有什么"厂价"可言呢？这样的"厂价"，实际上就是"零售价"。这样的道理，是"棒槌雕个眼睛"也明白的。

望着一街一街的"厂价"，我常常哭笑不得。

茅盾先生有篇著名的小说《林家铺子》，其中便写到某江南小镇上的林家铺子，仿照上海商店的做法，在年关前贴出"大廉价照码九折""大放盘照码九折"的红绿纸条，结果生意依然清淡。而唯一的一次好生意，则是发的"国难财"，当上海发生战事，许多上海人逃难到小镇上时，林家铺子独具一格，将脸盆、毛巾、牙刷等日用品搭配在一起，打出了“一元货”的广告。结果，“新开市第一天就只林家铺子生意很好，到下午四点钟，居然卖了一百多元，是这镇上十年来未有的新纪录”。以至于到了晚上，林老板“添了两碟荤菜，酬劳他的店员”。

当然，那些标榜“厂价”的，还算是懂得顾客最爱便宜的心理的。至于那些标榜“不赚钱”的，则是在“捏着鼻子哄眼睛”了。那些将顾客当“苕货”的老板，自己才是真正的“苕货”。即使是评“学雷锋”的“标兵”，也评不到这些自欺欺人的“苕货”头上。

武汉“贼文化”批判

“贼”者，武汉方言也，仅借普通话中“贼”字之读音，而非指穿墙打洞之盗贼也。

武汉人所说的“贼”，含有聪明精明的意思，但这种聪明，往往是一种圆滑、狡黠的小聪明，即武汉人所说的“小贼”。“小贼”乘公共汽车爱混票；做生意爱玩秤，或者卖水货；“小贼”用公款请客时，往往多开几盒烟揣进腰包，但决不会开一条——心太贪容易露馅，那便不是“小贼”，而是“贼狠了”“贼过了性”，走向了“贼”的反面，变成了“苕”，即傻瓜。由此看来，所谓“小贼”，便是爱占小便宜，贪小利，损人利己而不露痕迹。

武汉的“贼人”滑得像泥鳅，精得像兔子。兔子没别的本领，就是见势不妙跑得快。做生意也好，干事业也好，“贼人”多的是见风使舵和有奶便是娘的心眼，少的是执着的追求、敢冒风险的闯劲和气魄。武汉的“贼人”欺善怕恶、欺民怕官。“贼人”一般都有一张油嘴，一幅善于拉关系、走后门、套近乎、善于贴近和“照护”现任领导的好手段，“贼人”的口袋里往往装着两种烟，一种是“群众烟”，一种是“干部烟”。“贼人”最善于紧跟形势，搞花架子。今天刮东风他便是东风派，明天刮西风他马上是西风派。上级喜欢高潮，一夜间就白浪滔天，到处莺歌燕舞；上级要反腐倡廉，马上就四菜一汤，不过那菜盘子的型号便胖了许多。

由此可见，武汉人所说的“贼”，便含油滑、世故、势利、狡诈以及短视、实用主义等内涵。正如林语堂先生在《中国人》一书中所说：“在汉口的南北，所谓华中地区，是信誓旦旦却又喜欢搞点阴谋的湖北人。”余秋雨先生在《上海人》一文中曾一针见血地指出：上海人长期处于仆从、职员、助手地位，有大家风度，却无大将风范，是一种职员心态。武汉有史以来，是个码头，是小商品集散地，市民的主体，是附近黄孝一带的农民。因此，武汉人更多的是一种小商小贩心态，一种小农眼光。这就是武汉的“贼人”：不会吃亏，但绝发不了大财，干不成大事业，生命中深刻的大悲与大喜，都与“贼人”无缘，因为“贼人”只是一条善于钻洞的泥鳅。

也许在不远的将来，武汉会多一些高楼大厦，多一些立交桥，多一些“饼屋”“精品屋”以及喊着“妈咪”“爹地”的哥儿姐儿们。但是，倘若这种培植“泥鳅”的“贼文化”依然故我，那么历史只会给武汉一个小商小贩的角色，哪怕那精致的名片上印的是什么“总”什么“长”，哪怕那胡萝卜般粗的手指上拿的是“大哥大”，身边扭的是年轻的靓妞。

带一脚

武汉人的说话，其实是很幽默的。与京味的调侃相比，汉味的“局子话”更多地借助了生动形象的借代等修辞手法。例如乘公共汽车，人多而拥挤，便说“硬像筑咸菜坛子”；汽车急刹，别人一下靠在你身上，便骂人家“没带肉架子”；倘若挨骂的人不服气，双方吵起来，旁边的人则幽默地劝解道：“伙计们，是不是萝卜吃少了哇？”萝卜是“清火”的，吵架的人“火气”大，不就是“萝卜吃少了”么？在乘车难的年月里，公共汽车犹如皇帝的姑娘，俏得很，只要挤一回公共汽车，这样的“局子话”就可以装满一箩筐。

如今，乘车难的问题已是明日黄花了。除了公共汽车以外，专线汽车、巴士、的士，还有戏称为“麻木的士”的三轮车，以及戏称为“电麻木”的电动三轮车，争相拉客，现在倒是坐车的人俏了。在诸多车辆中，巴士（本文特指“中巴”“小巴”等小型公共汽车）曾经是最受欢迎的，除了有固定线路外，还可招手即停，想在哪儿下，只要说一声“带一脚”就行了，而且价钱也不贵，花个一二块钱，买个舒服，何乐而不为呢？

但是现在，坐巴士的人渐渐地少了。人们宁愿再去坐公共汽车，或者花高价坐“的士”，也不愿再去挤巴士了。究其原因，问题出在车主和乘客两个方面。

其一，车主为了赚钱，不顾有关规定，拼命拉客，口口声声说有位子，结果一上车，车内拥挤不堪，成了“咸菜坛子”。巴士车型小，个子高一点还得弯腰挨挤，花钱去“筑咸菜”，划得来吗？

其二，车主为了赚钱，人不挤满不开车，等得你毛焦火辣，他又将车慢悠悠地开，沿途招徕乘客。你急他不急，赚钱是第一。从汉口的王家巷码头到唐家墩，坐公共汽车只要半小时，可是有一次坐巴士，一个钟头还到不了家。你叫司机快一点，他还嘲讽道：“想快点？想快点你花钱去坐的士沙！”结果时间耽搁了，还花钱着急受气，划得来吗？

其三，巴士本来是“小公共汽车”，但乘客却“惜脚如金”，动不动就叫司机“带一脚”。“带一脚”本是公汽行业里的行话，即叫司机带刹停车。不叫“停车”而叫“带一脚”，便是武汉人的幽默。可是乘客却视巴士为的士，动不动就喊“带一脚”。明明只有几步的路，偏不下车，偏要等车刚刚发动，便叫“带一脚”，以示潇洒。9 路公共汽车，沿途只有十余个站点，可是有一次坐 9 路巴士，沿途却带了 29 脚！差一点将我的心脏病带发作！这 29 脚，再加上车主悠悠地“散步”，便使巴士慢如蜗牛。

作为一种公共交通工具，自有公共的道德规范。车主想赚钱，乘客想舒服，都可以理解，但是公共道德规范，其中包括车主应该遵守的职业道德，却是不能“带一脚”的。一车拉不回一个金娃娃，少走几步路也长不了几两肉，何必搬起石头砸自己的脚呢？最近流行的一首顺口溜，我以为是值得“带一脚”者深思的：

车主拉客带一把，
乘客“潇洒”带一脚，
带来带去熄了火，
巴士成了乌龟壳。

【写作提示】让细节照亮你的文章

这一组散文中，我觉得值得一说的是《武汉“贼文化”批判》。

为什么值得一说？因为阅读之后我想到了一个关键词语：人性。

我们的文学所关注的，正是人的生活、心灵、性格、思想、命运、情感等关于人性所涉及的这些因素。所谓人性，就隐藏在这里面，它并不抽象，往往现身于细节之中，期待着作家去捕捉。

《武汉“贼文化”批判》这篇文章透射出来的关于武汉人的性格特点的抓取，十分精准地见出了作家观察与思考的真功夫。它通过一些细节的捕捉，刻画出在一些人的灵魂深处所隐藏着的人性的弱点。

这些弱点一般情况下是潜伏着的，不动声色的，但是在某一个时刻，在遇到了人际交往的互动过程当中，本来就蠢蠢欲动的人性的弱点，可能就会冲将出来，从而毫无顾忌地表达出人的内心最为隐秘的一种欲求。

现在我举一些小细节，来说明“贼人”们的个性特征，他们有着自身的特点和典型性，他们也许就表现在我们平俗的生活当中，但我们往往会忽略他们的存在，却将关注的重点投注于一些无关紧要的焦点上，以为这些焦点才是我们作文的素材。实际上，当我们了解了这些细节，并不是说马上就要写进我们的作文当中，而是通过这些细节的捕捉，我们发现了人作为人的复杂性，发现了文学写作紧紧依靠以前那种对表层现象的摹写是不够的，是非常清浅的。

实际上，我们通过对于人性的透彻分析，应该知道的是，我们所知的人和生活，充满了未知，充满了悬念，充满了一些无限性，也就是说，当你认识一个人的时候，你当真能够穿越到他的心底去探求到某一种真相吗？唯一的办法就是观察细节，透过细节来探察人性的优点和弱点、人性的多个侧面。

比如“贼人”口袋里往往装着两种烟，一种是“群众烟”，一种是“干部烟”。这样的细节，你心里有底吗？或者说你曾经观察过吗？如果你乍一见面，是断然不知道这样的细节的存在的，而只有跟踪观察，才能够发现他的真实表现，也就是说，你才能够终于观察到他的与众不同的情感表达。与此同时，我们发现，这也就是细节的魅力。就是说，这两种烟在不同情境下的出手，真实地表达了此人内心世界的种种思考，如果用文字描述出来，就会非常繁复，而作家只用一个细节（“群众烟”和“干部烟”在不同环境下的露面），即可表达这个人物的内心想法，而这些想法都是读者通过阅读细节悟出来的，不是作家絮叨出来的，由此可见细节的巨大的魅力之所在。

如何观察人性？阅读是一个方面，在生活中悉心观察、揣摩、提炼、思考，更是不可偏废。

如何才能将你的观察所得，运用到你的文章当中？正面的直接的回答是没有的，也并没有什么益处，侧面回答倒是有两个字，而且非常管用：积淀。当然，应该是在方法得当的前提下。

第10堂课

如何写抒情散文

红麦田

还记得第一次阅读《安徒生童话》时的情景。那是一个寒冷的冬夜，雪花无声地飘落在汉口古老而幽深的小巷里。一个中国小男孩被一个丹麦小女孩的故事深深地感动了，他的眼中盈满了无言的泪花。他真想问问那个姓“安”的叔叔，小女孩的火柴卖完了吗？那天晚上他做了一个梦，梦见一大片红色的麦田，他看见每一粒麦穗都是一粒金色的火星，他想，那是卖火柴的小女孩点燃的吧。

后来那个小男孩一天一天地长大了，长成了一个长着大胡子的大男孩。后来那粒红色的麦子在他的心田播种了，长出了一片一片红色的麦田。长胡子的大男孩成为麦田的耕耘者，麦田的守望者。他常常顶着烈日冒着风雨在原野上默默地劳作。麦田的劳作不是舞蹈，不是流行歌曲，没有人愿意在阳光下长久地注视一片滚动着汗珠的背脊。有时他累了，他坐在长着野草和蒲公英的田垄上，听见远处有锣鼓和唢呐声悠悠地飘来。他知道又有一个伙伴披着红，挂着彩，被掌声簇拥着，抬上戏台了。他情不自禁地站了起来，向那热闹处走去。是啊，守望着麦田毕竟是太寂寞了。青春的麦苗无语。它们饥渴时需要雨水，然后那雨水就来了，它们高兴地吸吮着，但它们没想到也记不住是哪一片云彩下的雨。守望者挥了挥自己强壮的胳膊，好像要和谁比试比试似的。这时他突然又听见一阵锣鼓和唢呐声，又一个伙伴披着红，挂着彩，被掌声簇拥着，抬上戏台了。戏台现在需要南瓜呢，那位种冬瓜的伙伴便被冷落了。他看见冬瓜忿忿地朝瓜田里走去，发誓要种一个更大的南瓜。

麦田的守望者这时站住了。他看见西瓜又像吹气球一般地长得浑圆。又有目光移向绿皮黑纹的西瓜了。那么冬瓜是否又要愤愤地拔掉南瓜苗苗呢？

麦田的守望者转过身来。他看见许多滚动着汗珠的背脊，承载着阳光和风雨，在江南的稻田和棉田里，在北方的青纱帐和高粱大豆地里，在莽莽深山中那一小片一小片挂在白云间的坡地里，在湖的荡漾与海的咸涩里，无声地此起彼伏。在这个广漠的世界上，他并不孤独。如同浩瀚的苍穹，每一颗星星都在自己独特的轨道上运行、闪烁。披红与挂彩，包装与作秀，都不过是过眼烟云。只有这片红麦田是永恒的，只有阳光下的麦粒是永恒的。

麦田的守望者又弯下腰来。他闻到了泥土的气息与麦苗的清香。他又想起了那个姓“安”的叔叔，想起了那个卖火柴的小女孩，想起了那神圣的永不熄灭的火种。他再一次拷问自己的灵魂：当变幻不定的风与潮刮来涌去时，你心中的火种还会萌芽、生长，然后于寂寞中长成一片红麦田吗？

一棵树也是一片风景

我常常想起书桌旁的那棵小树。

那是一棵法国梧桐，长在我宿舍里的书桌旁。那时我正在一所中学当“乡村男教师”，我的宿舍阴暗而又潮湿。我的门前我的窗前都摇曳着树的倩影，其中有一株便是法国梧桐。

那棵小树便是它的孩子吧？风儿将树种吹进我的房间，竟然有粒种子从潮湿的砖缝里擎起一面绿色的旗帜。房间里缺少阳光缺少雨露缺少树与树之亲昵或调皮的絮语，然而它却一天天长大，长得和书桌一般高，长成一片美丽的风景。

是的，一棵树也是一片风景。它具有风景最珍贵的内涵，那就是独立的品格，以及顽强的生命力。有时候，一棵树比一片杂乱的丛林更具有审美价值，例如诗人曾卓笔下的“悬崖边的树”，虽然眼看就要坠进深渊，却又像鹰一样展翅飞翔。

我想起俄罗斯抒情诗人叶赛宁的《白桦》：“在我的窗下，有一棵白桦，银子般的白雪，盖满了枝丫。”“白桦挺立着，笼罩梦样的寂静，雪花燃烧着，在金色的火中。”

我想起了日本画家、散文家东山魁夷的《一片树叶》："我注视着院子里的树木，更准确地说，是在凝望枝头上的一片树叶。而今，它泛着美丽的绿色，在夏日的阳光里闪耀着光辉。"在东山魁夷的眼里，不仅仅是一棵树，连一片树叶也是美丽的风景，也给予我们生命的启示。

是的，独生子女也是一棵树，应该是一片朝气蓬勃的风景。独生从来就不等于孤独或孤立，相反，独生与独立天生结缘。独立地直面人生，独立地拥抱生活，独立地长得伟岸与高大，去擎起蓝天白云，让朝阳与明月在枝头开花结果。同时，一棵树也应拥有一片森林的胸怀与品格，对于一棵独立的树苗，孤僻、冷傲、自卑与唯我独尊从来就是致命的害虫。

好美的一棵树。好大一棵树。

画一圈属于自己的年轮

农历春节伴着雪花翩翩而至了。虽然还有寒风，虽然还有冷雨，但春天已像小鸡啄破蛋壳一般活泼泼地孵化出来了。

小草正在雪被下孕育着春的梦，小树又悄悄地增加了一圈年轮。那么你呢，少年朋友，你准备怎样和新的一年对话呢？你准备以什么为“圆心”，以什么为“半径”，画一圈属于自己的“年轮”呢？

也许你会说，我有属于自己的年轮吗？看看以前的年轮吧，哪一圈不是以家长为圆心，以老师为圆心，以做不完的作业、考不完的试为半径，画一圈疲惫与无奈的圆呢？

是的，你说的是心里话，你说的是大实话。曾经在很长很长的时间里，学校施行的是一种“应试教育”，就是说，“高考”“中考”成为整个教育的圆心，学校的教和学，都得围着考试这个指挥棒转；现在的家庭，大多只有一个孩子，爸爸妈妈爷爷奶奶外公外婆围着一个孩子转，实际上还是被考试、被应试教育牵着鼻子转。“考，考，老师的法宝”“分，分，学生的命根”，在升学考试的压力下，各科教师争着给学生复习、布置作业，家长们忙着给孩子请家教、上培优班，买营养品，而且“爱你没商量”，没有星期天，没有节假日，不准看电视，不准看课外书籍……这样一种残酷的“爱”，这样一种无可奈何的“爱”，剥夺了多少孩子应该享有的快乐：游戏的快乐，运动的快乐，阅读的快乐，视听的快乐，与大自然融为一体的快乐，野外考察与探险的快乐，科学实验与创造的快乐，沉醉于艺术世界审美的快乐……学校成为一部部“考试机器”，如同“烤箱”一般，将学生烤成一个个呆头呆脑的面包，而家庭则配合学校，在面包上涂上一层层奶油。

哪里还有“我的童年”？哪里还有“我的少年”？哪里还有以“我”为“圆心”画的“年轮”啊？！

但是春天仍然来了，春天仍然不可阻挡地来了。

在信息化与互联网的时代，学校教育正在发生深刻的变化。越来越多的学校，越来越多的老师和家长，已经认识到，教育改革已经是不可阻挡的春潮了。一个正在崛起的中国，一个正在迎接历史性挑战的中国，倘若再以“应试教育”为圆心，断送的不仅仅是一代代孩子的童年和青春，而是整个国家历史性的停滞。现在，是迎接“素质教育”“创新教育”的春天，迎接把升大学的“独木桥”拓宽变成现代化人才成长的“立交桥”的春天的时候了。是迎接学生在德、智、体等方面生动、活泼、主动全面发展的春天的时候了。

我们不再是、再也不能是汪洋题海里的小木船；不再是、再也不能是笼中圈养的呆鸟；不再是、再也不能是老师、家长裤腰带上的钥匙串或脖子上的缀物。我们应该拥有自己的蓝天，应该拥有自己的大海，应该拥有自己的生命空间和生活空间。学习应该成为一种乐趣，一种在知识的海洋里学会游泳、学会冲浪、学会扬帆远航的乐趣。学习应该成为我们自身的需要——是为了自己的将来而学习，而不是为了老师的合格率、升学率和家长的面子去学习。这样的学习便会成为一种自觉，这样的学习才会使人感到轻松——不是无所事事、慵懒空虚的“轻松”，而是卸掉了许多曾无谓浪费时间浪费生命的包袱后的轻松，是心灵的真正放松，是将命运的舵轮掌握在自己的手中的轻松。

以自我主动的学习为圆心，以创新素质教育为半径，画一圈属于自己的年轮，该是多么好啊！

那么，就以此作为我们的春节祝福吧！

脑袋应长在谁的肩膀上

说起来是前几年的事情了。我到一个学校给爱好文学的同学们讲课。那时正流行汪国真，因此当我问他们喜爱谁的诗时，大家不约而同地说喜欢汪国真。我当过老师，我对学生这种齐声回答总是心存疑问，于是我请读过汪国真的诗的同学举起手来。结果汪国真的喜爱者们面面相觑，只有几个人犹豫地举了手。于是我又问那些没读过汪国真的诗的同学为什么喜欢汪国真时，一个还算爽直的女学生说，是因为听别人说汪国真的诗蛮好，要是自己说不喜欢，就显得蛮“掉底子”。

“掉底子”是武汉方言，犹如北方的“丢份儿”一样，是丢脸的意思。由此看来，那天听课的学生中大部分没读过汪国真的诗，却因为汪国真那时正时髦着，于是怕“掉底子”而随众说自己也喜欢。

这样一种盲目的随众，盲目的爱憎，实在是一件很危险的事情。犹如自己的脑袋长在别人的肩膀上，自己的思想被别人操纵或左右，人云亦云，随声附和，不仅是一种愚昧的表现，而且是许多悲剧衍生的温床。20世纪30年代上海的影星阮玲玉为谣言所杀，便是一例。那些茶余饭后津津乐道的传谣者，想没想到自己成为了谋杀者的帮凶呢？

让脑袋长在自己的肩膀上，用自己的眼睛去看世界，是一个人成熟的标志。马克思最喜爱的格言便是“走自己的路，让别人去说吧”。著名学者李泽厚先生，就曾为自己的一本书题名为《走我自己的路》。李先生说：“我不喜欢人云亦云的东西。”他还谈到自己的青年时代，在大量的“阅读与比较中”，“逐渐培养和增强了判断是非和独立思考的能力”。在这里，“比较”很重要，正因为有了比较，才有了属于自己的选择，于是才能“坚守自己的信念，沉默顽固地走自己认为应该走的路。毁誉无动于衷，荣辱在所不计”。李先生的这番话，的确是值得我们深思的。

其实，中国老百姓对于坚持自己的独立见解与独特个性，有一个形象的比喻，叫作“萝卜青菜，各有所爱”。在当今“水货”泛滥之际，不赶时髦，独立地比较鉴别选择就显得尤为重要。对于“水货商品”应持此观，对于“水货明星”亦应持此观。一个人的名声与其真正的成就并不是成正比的，人为地“炒”或“爆”都只是历史的泡沫。那些“大众情人”往往是最寂寞者，这便应了草原上的一句谚语：“如果每个人都是你的朋友，就意味着你没有一个朋友。”

【写作提示】抒情散文的写作特点

（一）

什么是抒情散文呢？所谓抒情散文是以抒发自己的主观情感、思想感受为核心，以表达自己内心深处的一种情绪为目的，并借此感染读者，使读者也能产生情感上的共鸣。它突出的特点是具有强烈的抒情性，直抒胸臆，触景生情，诗情画意，内涵丰厚，将思想寓于形象当中，也就是所谓的化抽象为具象，借助具象，写景状物，从而抒发主观情思。

这最后一点非常重要，它是我们在阅读和构思抒情散文的时候，应该着意把握的一个方向。

在这一组散文中，我感觉《一棵树也是一片风景》的抒情散文味道比较浓郁，比较鲜活。

本篇散文的切入角度是“书桌旁的那棵小树”。其实，在我们的生活中，身旁的一棵小树是司空见惯，并不值得你去刻意推崇的，但作者却能从小树的生长环境产生联想，于是生命存在的意义就逐渐凸显出来。是什么样的一种意义呢？我们来看作者联想的指向，“那时我正在一所中学当‘乡村男教师’”，这就是典型的相似联想，由一件事物引起在性质上接近或相似事物的回忆，比如一般的比喻应该都属于相似联想，就像我们将苍松翠柏比喻坚强意志一样，那么，本文开篇所描述的“那棵小树”，当然就引发了作者的相似联想：某种程度上，作者将“我”比喻成了那棵小树。

（二）

那么，这样一来，作者就有话可说了，就有了深刻的情感可以表达了，而不是像有些同学往往走入误区那样，面对一棵小树，不住地抒发情感，不仅显得单薄，而且很难使读者产生共鸣。

当然，文章并没有直接向读者诉说那样一种比喻，这正是作者高明之处。作者的目的，只是借助"我"的环境和小树的环境对比，来关注生命的坚强的意志力，所以就有了"一棵树也是一片风景"这样一种情感表达。这句话与文章标题相互呼应，从而搭建情感桥梁，并以此作为契机，让后文中所有关于一棵树的生命启示都一一与文章标题相对应，使文章获取一定意义上的内在联系，以及语义上的搭配衔接，这样一来，文章就更为完整，结构也更为严谨。

作者引用几位著名诗人的诗句，不仅拓展了关于小树的联想空间，更为重要的是，它还能不断地丰富小树之所以能够存在于艰难环境中的深刻内涵。这正如作者所说，它更具有深厚的审美价值。

（三）

首先，曾卓笔下的《悬崖边的树》，第一次丰富"书桌旁的那棵小树"，它不仅孤独，而且生命的危险性比小树更甚，却依然那么坚强，那么具有生命的力度；叶赛宁的《白桦》，第二次丰富"书桌旁的那棵小树"，如果说曾卓的树处于危难环境当中依然那么坚强，那么叶赛宁的树则借助了大自然的色彩装饰，让原本孤独的生命绽放出生命的色彩，例如"雪花燃烧着，在金色的火中"，白雪反射朝霞，产生光芒，仿佛在燃烧，这光芒让白桦更加圣洁。这一段凸显并烘托了本文的诗情画意。第三次丰富“书桌旁的小树”，是借用日本散文作家东山魁夷的《一片树叶》：“枝头的一片树叶，在夏日的阳光里闪耀着光辉。”作者接着写道，“不仅仅是一棵树，连一片树叶也是美丽的风景”。这段话不仅再次丰富了小树的精神实质，而且通过呼应文章标题，呼应前述关于小树的生命描述，又一次连通和衔接了小树的生命特色。

这种呼应是丰富的，它一步步深化并层层递进，最终抵达文章主题，这也就是文章结尾处所阐明的：独生子女也是一棵树，是一片朝气蓬勃的风景。此处作者对独生子女的认识，应该是结合了上述对于树的深刻解读，而使得文章主题在深化的基础上得以升华，那就是：“一棵树也是一片风景。”

第11堂课

如何写散文诗

初春

初春是刚刚出生的小女孩。她睁开双眼的时候，森林里的积雪就渐渐地融化了

初春是托儿所可爱的小女孩。她甜甜微笑的时候，一座座山峰变成了一片片绿色的桑叶，那些残留的积雪，星星点点的，散布在阳坡上，好像绿色桑叶上白色的春蚕。

初春是幼儿园美丽的小女孩。她带着春风走进森林的时候，小草争着伸出绿芽了，野花悄悄地张开笑脸了，鸟儿的歌声，象被山泉洗过一样，那样的干净，婉转，动听了。

初春背着书包上学的时候，太阳公公就笑着告诉她，你已经长大啦，现在的你，就是春姑娘啦。

冬天的雪

雪落在静静的森林里了。

这是冬天的雪。雪花像银色的蝴蝶，翩翩地飞舞着，落在静静的森林里了。

起伏的群山变得白白胖胖的了。

茂密的森林变得黑黑瘦瘦的了。

雪花落在青青的松树上。小松鼠高兴得跳了起来：“噢！好香好甜的冰淇淋啊！”

雪花歇在黑熊的窗台上。黑熊正在冬眠，呼呼地睡大觉。它要一直睡到春天呢。

雪花藏进狐狸的大尾巴里。狐狸格格地笑着说：“怎么样？这围脖暖和吗？”

雪花飘到山坡上，小草们露出头欢迎它的到来。这些小草，是去年的雪花呢。

雪落在静静的森林里了。

这是冬天的雪。春姑娘跟在它的身后，悄悄地走来了啊。

看星星

在城市里看星星，星星好像和我们捉迷藏，一个个都躲不见了。

在高山上看星星，星星好像田野上的油菜花，数也数不清了。

而且，夜空黑得那么干净，像妈妈长长的黑头发。

而且，星星离我们那么近，好像伸手就可以摘下来。

哦，我看见银河了，月亮是河里的小船吗？

哦，我看见牛郎星和织女星了，他们在等待喜鹊为他们搭桥相会吗？

妈妈，我也要飞上天，给他们去搭桥。

然后，摘一篮小星星，送给外婆，好吗？

一棵大树突然被伐倒了

一棵大树突然被伐倒了。

那是一棵巴山松。一棵高大的、在森林里生长了好多年的巴山松。

从一棵幼苗开始，它就孕育着许许多多的梦。它最美的梦幻，也许是快快长高长大，一直长到云端里，好让太阳和月亮在它的树枝上歇歇脚，然后，让鸟儿和松鼠也到月亮上的桂花树上去跳跃歌唱。

但是，突然间，它就被呼啦一下伐倒了。

轰然地倒在了它的兄弟姐妹的身旁。

一棵大树突然被伐倒了。

那是一棵巴山松，一棵高大的、在森林里生长了好多年的巴山松。

巴山松的树干上，凝结着许多琥珀色的泪珠一般的松脂。

树枝凸着红褐色的冬芽，孕育着红褐色的梦幻。

褐色的球果像手雷一样挂在树枝上，坚硬的鳞片里藏着黑紫色的种子。

当巴山松一节一节地被肢解时，种子便携带着巴山松黑紫色的希望，悄悄地播撒在巴山松曾经生长过的土壤里。

它们还会被伐倒吗？

【写作提示】童心在散文诗中的重要性

（一）

散文诗是什么？

散文诗应该是散文的另一种形式，它既与诗血脉相连，又兼具散文的架构；它具有散文的描写性，又不乏诗的表现性；它的内心汹涌着诗的寥廓的幻想与贲张的情绪，带给读者耽美的想象；它在形式上又具有散文式的外观特色。它不分行不押韵，强烈的语言节奏感和诗的意境，是它的重要表达的情感外化。

散文诗的特点是散文的架构、诗歌的内涵。例如波特莱尔的散文诗、泰戈尔的散文诗、冰心的散文诗、刘半农的散文诗等。

而作者的《初春》等作品也孩子般地表达出来了跳跃着的情感倾向，《冬天的雪》《看星星》等莫不如此。

我们用欣赏诗歌的情感尺度来丈量它们，我们还用欣赏散文的价值尺度来邂逅它们。

但我们可能会忽略一个重要问题，这就是散文诗中的童心。

现在我们举一个实例，来说明孩子对抽象概念的形象化解读多么有趣，不过我们的收获却大于这个有趣，我们由此会知晓，在孩子眼里，万物皆有思维，皆拥有真正的“童心”。

其实，童心就是爱。那么，爱是什么。

爱究竟是什么呢？“爱就是你一整天扔下你的小狗不管，而它却仍然舔你的脸的时候”。在孩子眼里，狗有生命是毋庸置疑的，更进一步，狗应该还有思维，即便你不管它了，它也并不在意，它很大气，不怎么计较，它仍然爱着你，并且以舔你的脸的方式来向你表达它自己的爱意。

这一句话并不具备散文诗的诗意特点，却拥有了散文诗的“童心”特质，也就是说，在这样的散文诗空间里，已经住满了孩子们，并且也注满了大人们不可理解只有孩子们能够畅通无阻的悠悠的童心。

这正是返璞归真的童心美，它敦促着我们眼睛向下，或者蹲下身来，像比我们小的孩子们那样，把所有的物体都看作拥有自己的生命的物体，然后更进一步，还把所有的物体都看作具有独特思维的生命。这样一来，我们的散文诗就不仅有了美和想象，还有了非凡的艺术表现力，其特点是，儿童的视角、诗歌的意境、散文化的描写方式。

（二）

下面我们来看看作者是如何在散文诗中以儿童的视角来表达沸腾的情感的。

《初春》：整体上以排比句式架构，读来有诗的韵味，节奏感强烈。但更为重要的是，作者运用拟人化手法将春打扮成一个小女孩，她有了人的思维，她有了情感的温度，她有了诗人的思绪，透过她的视角，所有的一切，无论是融化的雪，还是小草和野花；无论是鸟儿的歌声，还是太阳公公，都被作者花儿一样绽放的笔，注入了火一样的情感。

《冬天的雪》：开篇拟人手法的灵活运用我们暂且不论，

关于小松鼠高兴得跳起来之后的惊叹，足以让我们在兴奋之余，发现儿童视角的情感移情，以及思维方式的移情。我们感觉到，只有以这样一种“万物皆有情”的情感视角，才能够写活除人类以外的任何一种生命。

此外还有，按照生活逻辑，雪花落进狐狸的大尾巴里，早就融化得无影无踪，但儿童不这样看，在儿童眼里，狐狸既然有了善良的思维，那么就一定会觉得自己的尾巴真能成为雪花的围脖，要不然，它怎么会傻乎乎地问雪花是否暖和呢！

《看星星》：千万不要以为这样的散文诗很简单，其实不。它很复杂，当然，应该解释为很厚重、有内涵，这样才算得上艺术解读。在诗的语境中，也就是在儿童的视角里，星星的消失是自然现象，可儿童不这么看，因为在儿童眼里，星星是有生命的个体，而且和自己一样，爱玩，喜欢做游戏，它突然消失了，那么它一定是捉迷藏的时候跑掉了，“躲不见了”。更奇特的是，在儿童眼里，是不存在什么物理距离的概念的，由于视觉的关系，星星好像很近很近，正因为儿童心中不存在物理距离概念，所以他认为自己一伸手就能把星星摘下来。如果说“月亮是河里的小船”表达了儿童独有的形象化思维特点，那么，我要“摘一颗小星星送给外婆”则凸现了儿童善良的愿望以及情感逻辑的高度发达。至于星星此刻是否又没有了生命（因为它不应该被残忍地采摘），这不是很矛盾吗？但儿童不这样看，因为此刻，在儿童眼里，星星已经没有了生命的特质，所以悲悯与同情暂时不适用于他的思维方式。儿童其实是比较自我的个体，世界可以在他的手中被把控，被支配，被统治。